# 智慧场馆与智慧学习

## 场馆智慧学习研究

## Research on Smart Learning in Libraries and Museums

刘德建 黄荣怀 闫伟 著

人民邮电出版社
北京

图书在版编目（CIP）数据

智慧场馆与智慧学习 / 刘德建，黄荣怀，闫伟著
. -- 北京 : 人民邮电出版社，2021.4（2021.11重印）
ISBN 978-7-115-55056-9

Ⅰ. ①智… Ⅱ. ①刘… ②黄… ③闫… Ⅲ. ①计算机应用－图书馆服务－读者服务－研究②计算机应用－博物馆－社会教育－研究③计算机应用－科学馆－科学教育学－研究 Ⅳ. ①G252-39②G266-39③G311-39

中国版本图书馆CIP数据核字(2020)第203772号

## 内容提要

本书通过对我国大中型城市场馆的智慧学习现状进行调研，对我国场馆的数量分布、地区分布、信息化建设，以及场馆与经济、人口、劳动力受教育程度、创新创业、公众科学文化素质的相互关系，进行了系统分析。

本书共5章，主要内容包括智慧社会与场馆智慧学习，我国场馆智慧学习发展现状，国外场馆学习比较分析，我国场馆智慧学习的主要特征，我国场馆智慧学习存在的问题及发展建议。

本书适合图书馆、博物馆、科技馆的管理者和工作人员，以及校外教育工作者、科研机构研究人员、智慧学习研究人员阅读。

◆ 著　　　　刘德建　黄荣怀　闫　伟
责任编辑　罗　芬
责任印制　王　郁　彭志环

◆ 人民邮电出版社出版发行　　北京市丰台区成寿寺路11号
邮编　100164　　电子邮件　315@ptpress.com.cn
网址　https://www.ptpress.com.cn
固安县铭成印刷有限公司印刷

◆ 开本：787×1092　1/16
印张：14　　　　2021年4月第1版
字数：226千字　　　　2021年11月河北第2次印刷

定价：89.90元

读者服务热线：(010)81055410　印装质量热线：(010)81055316
反盗版热线：(010)81055315
广告经营许可证：京东市监广登字20170147号

# 课题组

**总 策 划** 刘德建 黄荣怀 闫 伟

**课 题 组** 庄榕霞 焦艳丽 周 伟

徐晶晶 张 慧 曾海军

杨 澜 严 博 李美爽

# FOREWORD 前言

图书馆、博物馆、科技馆（以下统一简称为“场馆”）是国家文明和社会进步的标志，是对一个国家科技、人文、资源等综合实力的反映。在我国智慧社会的建设过程中，场馆是公共文化服务体系的重要组成部分，是传播人类知识的平台，是人类收藏历史记忆的凭证，是熔铸新文化的殿堂。它担负着保护、研究、展示人类环境遗存，以及推动人类文明发展的重要责任。由于社会经济不断发展，人们的精神文化需求也日益增长，在场馆中学习科学文化知识、提高科学文化素质逐渐成为人们生活中越来越重要的内容。我国的场馆绝大多数都是新中国成立后建设的，经历了新中国成立后至20世纪60年代中期、改革开放至20世纪90年代中期、20世纪90年代中期至今3个发展阶段。特别是党的十八大以来，党和政府高度重视我国的场馆建设，从政策、资金、人力、物力等方面给予大力支持，场馆建设进入快速发展时期。

目前，我国的场馆建设形成了“国家—省—大中城市”的纵向场馆体系和“部委—专业—特色场馆”的横向场馆体系，以及实体场馆、虚拟场馆共同发展的格局。场馆百万人均拥有量超过10个的省（自治区、直辖市）有10个，占比为32.26%。场馆信息化建设进入快速发展阶段，云技术、大数据、物联网、人工智能、移动技术、虚拟现实技术等新一代信息技术为场馆智慧学习提供了技术支撑。大中城市的场馆实现了数字化、网络化；部分场馆实现了虚拟化、移动化，并且搭建了智能化学习平台，提供了丰富的学习资源。场馆的学习体验和互动水平不断提升，实现了学习资源的共享。场馆正成为推进科学教育进步的重要平台，馆校结合将成为未来场馆智慧学习的发展趋势。场馆智慧学习拓展了学习的模式，培养了创新型人才，提高了公众的科学文化素质，并且在推进智慧社会建设、学习型社会建设中发挥着重要作用。

北京师范大学智慧学习研究院对我国场馆智慧学习发展现状及趋势进行了专项研究，对我国 334 个大中型城市的 9529 个场馆进行了数据采集、分析，对 657 个场馆进行了重点调查。该项研究围绕我国场馆分布情况，信息化建设情况，场馆发展现状与经济、人口、劳动力受教育程度、创新创业指数、公众科学文化素质的相互关系，场馆智慧学习的理论创新，场馆智慧学习的主要特征，国内外场馆学习的比较分析等主题，进行了深入研究，对我国场馆智慧学习的发展提出了建议。

专项研究的调查范围包括国家级、省级、地市级、县级不同类型的场馆，其中图书馆包括公共图书馆和院校图书馆，博物馆包括文化、历史、科技、人物等类型，科技馆包括科技馆和青少年科技中心。数据来源于各级政府发布的统计年鉴、国民经济和社会发展统计公报、社会机构公开发布的数据和场馆官网数据。该研究采用皮尔逊积差相关系数分析、斯皮尔曼等级相关系数分析、曼－惠特尼 U 检验等方法对数据进行分析。

CONTENTS 目录

## 第1章 智慧社会与场馆智慧学习

# 第2章 我国场馆智慧学习发展现状

# 第3章 国外场馆学习比较分析

## 第4章 我国场馆智慧学习的主要特征



## 第5章 我国场馆智慧学习存在的问题及发展建议

# 第1章 智慧社会与场馆智慧学习

# 1.1 我国智慧社会的特征与发展趋势

党的十九大报告提出建设“智慧社会”。智慧社会是在智慧城市普遍发展的基础上，不断满足人民日益增长的美好生活需要，逐步解决经济社会发展不平衡、不充分的一种新型社会形态。它是继农耕社会、工业社会、信息社会之后的一种更为高级的社会形态。以数字化、网络化、智能化为特征的新一轮科技与产业革命的蓬勃兴起是建设智慧社会的根本动力，智能成为企业、行业、地区乃至国家核心竞争力的关键构成要素，是智慧社会到来的重要特征。

近年来，我国在吸收借鉴国际经验的基础上大胆创新，智慧城市建设已从理念转化为实践。我国新型智慧城市建设过程中产生的理念创新、技术创新、管理创新、模式创新、融资创新等一系列创新不断为全球城镇化和信息化深度融合以及城市文明创新发展提供中国方案。在这一基础上，党的十九大报告提出建设智慧社会，这一重要的理论创新是对新时代我国社会发展前景的展望，具有重大的理论意义和现实意义。智慧社会正是“四化”同步发展的基本载体，也将是“四化”同步发展的必然结果，有利于充分发挥信息化的核心引领作用，从而更好地实现“四化”同步发展。

建设智慧社会有利于从社会发展全局角度进行智慧化发展顶层设计，有利于发挥智慧城市以及城市群、城市带、智慧小镇的引领辐射作用。建设智慧社会对加快网络强国建设、数字中国建设、制造强国建设、新型智慧城市建设和宜居城市建设起到了大力推进作用，对深入推进新型智慧城市建设、实现“四化”同步发展等也具有重要的现实意义。

## 1.1.1 智慧社会的特征

智慧社会的提出是对信息社会发展阶段的超越，是在我国新型智慧城市发展实践基础上的理念创新，涵盖了社会发展、政治治理、文化建设等人类生产生活所涉及的方方面面。智慧社会具有开放、共享、多元互动、协同治理、去中心化的特质。它在标志性技术、生产基础设施、主要生产特征、劳动力、生产工具、劳动对象、社会关系、人与自然关系、社会治理、文化体系等方面与信息社会存在不同。智慧社会有以下 8 个主要特征：第一，标志性技术向智能化演进；第二，重要基础设施从物理世界进入虚拟空间；第三，主要生产特征出现全定制、柔性化、实时协同、主体多元的新趋势；第四，生产力三要素从自然禀赋发展到比特禀赋；第五，社会关系越来越多地打破空间和时间限制；第六，人与自然走向共生共融；第七，社会治理方式向着透明化的多元协同进步；第八，文化体系愈加鼓励寻找生命个体的乐趣和意义。

### 1.1.2 智慧社会的发展趋势

智慧社会推动生活方式和水平的全面创新与改善，呈现出以下 9 个发展趋势：第一，国家和地区的核心竞争力向信息空间持续延伸；第二，经济形态呈现融合跨界、资源共享的新趋势；第三，分析和运用数据价值成为新型生产方式；第四，创新体系以开放协同为导向加速重塑；第五，新一轮企业竞争聚焦开源生态系统构建；第六，泛在、群智是信息基础设施的主要规划方向；第七，城市操作系统功能日趋丰富和完善；第八，多元共治开创社会治理新模式；第九，信息安全、道德伦理、法律法规面临严峻挑战。

## 1.2 我国智慧城市的发展状况

IBM（International Business Machines Corporation，国际商业机器公司）于 2008 年提出“智慧地球”与“智慧城市”的概念，之后智慧城市成为许多国家建设智慧政府和开展数字政务的愿景和目标。各个国家通过建设宽带多媒体信息网络、地理信息系统等基础设施来整合城市信息资源，为市民提供无处不在的公共服务，为公共管理提供高效而又具有竞争力的手段。2014 年 8 月 27 日，国家发展改革委联合工业和信息化部、科学技术部、财政部、住房和城乡建设部等七部委发布了《关于促进智慧城市健康发展的指导意见》，指出智慧城市是“运用物联网、云计算、大数据、空间地理信息集成等新一代信息技术，促进城市规划、建设、管理和服务智慧化的新理念和新模式”。智慧城市是具有学习、适应和创新能力的全新城市形态，是新一轮信息技术变革和知识经济进一步发展的产物。它是以物联网、电信网、无线网等网络融合为基础，以多种高新技术为工具建立的一个包含政府、市民和商业组织的城市生态系统。智慧城市以信息技术为支撑，通过健全、透明、充分的信息获取，通畅、广泛、安全的信息共享和有效、规范、科学的信息利用，来提高城市运行和管理的效率，改善城市公共服务的水平，增强城市处理突发事件的能力，让城市成为政府、企业、市民高效管理、生产、生活的绿色载体。

智慧城市建设是我国城市建设的新阶段，智慧城市的本质在于信息化与城市化的高度融合，是城市信息化向更高阶段发展的表现。智慧城市将成为我国城市的整体发展战略，作为经济转型、产业升级、城市提升的新引擎。建设智慧社会能提高民众生活的幸福感、提升企业的竞争力、实现城市的可持续发展。国家发布了一系列关于智慧城市建设的政策文件，这些文件对智慧城市的建设和发展具有重要的指引作用。2016 年 2 月，《中共中央 国务院关于进一步加强城市规划建设管理工作的若干意见》提出推进城市智慧管理，到 2020 年，建成一批特色鲜明的智慧城市。2016 年 12 月国务院正式发布《“十三五”国家信息化规划》，明确了新型智慧城市的建设行动目标: 到 2018 年，分级分类建设 100 个新型示范性智慧城市; 到 2020 年，新型智慧城市建设取得显著成效。新型智慧城市是智慧社会建设的基础，是实施科教兴国、人才强国、创新驱动发展、乡村振兴、区域协调发展、可持续发展、军民融合发展等战略的综合载体。新型智慧城市的核心是以人为本，关键是建设实效，本质是改革创新。

### 1.2.1 智慧城市的发展现状

目前，美国、日本、韩国、新加坡等国家及欧洲地区均已启动智慧城市相关项目的研究，在一些试点工程取得了较好的效果。美国率先提出了国家信息基础设施和全球信息基础设施计划，接着欧盟又着力推进“信息社会”计划，并确定了欧洲信息社会的十大应用，将其作为欧盟信息社会建设的主攻方向。在 2007—2013 年，欧盟为信息和通信技术研发所投入的资金达20亿欧元。欧盟委员会更是将信息和通信技术列为欧洲2020年的战略发展重点。2015年，西班牙IESE商学院发布了2012—2014年全球智慧城市排名，排名前5的城市分别是伦敦、纽约、首尔、巴黎、阿姆斯特丹。

我国智慧城市建设在国家政策的鼓励下发展迅速。北京、上海、广东等省市已把智慧城市列入重点研究课题，纷纷加入智慧城市的建设中，希望借助物联网布局在未来的经济竞争中脱颖而出。[①]《关于促进智慧城市健康发展的指导意见》提出，到2020年，建成一批特色鲜明的智慧城市，聚集和辐射带动作用大幅增强，综合竞争优势明显提高，在保障和改善民生服务、创新社会管理、维护网络安全等方面取得显著成效。

智慧城市发展的目标是：第一，建设幸福宜居的信息化城市；第二，打造集约高效的经济发展模式；第三，形成科学合理的规划决策机制。科学合理的规划决策机制是以建设幸福宜居城市和打造集约高效的经济发展模式这两个目标为基础的。因此，智慧城市在微观层面注重的是市民的宜居生活环境，在宏观层面注重的是城市的创新发展环境，这就形成了智慧城市建设的两个核心。

### 1.2.2 智慧城市的双核心框架

智慧城市建设是以“市民宜居体验”和“城市创新活力”为双核心，以智慧出行、智慧居家、智慧学习、智慧经济、智慧环境和智慧治理为基本特征。双核心既是助力城市发展的根本动力，也是促进城市良性运行的核心目标，还是目前建设智慧城市的有效途径。基于双核心的智慧城市框架如图1-1所示。

智慧城市中的智慧学习系统是指对智慧城市提供综合社会服务的系统：一方面，它表现为智慧城市的具体智慧学习要素，提供了城市智慧教育系统与市民学习的环境；另一方面它表现为智慧城市的智慧治理要素，提供城市自组织学习环境。因此，智慧学习可以贯穿智慧城市的各类业务系统，对智慧城市建设的两个核心（市民宜居体验和城市创新活力）

① 熊璋. 智慧城市［M］. 北京：科学出版社，2015.

起到了综合提升的作用。发展智慧学习可以对城市创新活力起到文化引领的作用。

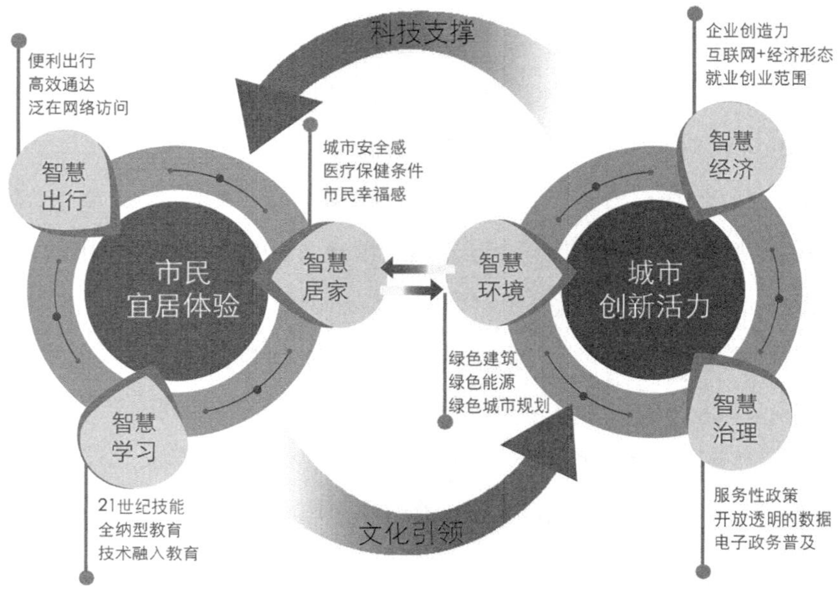


**图 1-1　基于“宜居与创新”双核心的智慧城市框架**

# 1.3 智慧学习

智慧学习是智慧城市建设的重要基础之一。智慧学习是通过物联网技术、大数据系统和人工智能技术等现代化高科技来全面感知学习情境、识别学习者特征、提供合适的学习资源与便利的互动工具。它能自动记录学习过程和测评学习结果，并能有效支持人们的终身学习、职业发展和自我价值的实现。智慧学习分为两个层面：一是智慧教育层面，其本意是应用新一代信息技术，变革依然停留在工业时代的学校教育思维，提升教育系统的效率和信息化程度，培养适应时代发展和需求的人才；二是智慧城市与学习层面，其路径是通过信息社会的资源整合与跨界合作来督促人们自觉形成终身学习、不断求知的习惯，以适应信息社会快速变化的节奏。从城市的宏观视角来看，智慧学习是智慧城市提供的具有高学习体验、高内容适配性和高学习绩效特点的一类学习型社会系统。

智慧学习的基本内涵包括以下几个方面。首先，从学习者视角来看，智慧学习是一种学习者自我积极参与、以学习者为中心、具有完整学习体验的新型学习范式；它有助于学习者进行富有成效的社会协作、采用灵活多样的学习方法、定制个性化学习服务以及回溯反思完整的学习历程。其次，从技术视角来看，智慧学习广泛利用了轻巧、智能、便利的智能设备（如智能手机等）、社交网络（如 Web2.0、Web3.0 等）、传感器（如压力传感器、温度传感器等）等架构起新型的智能学习环境，具有支持情境觉知（Awareness of Context）、学习过程记录、学习数据分析、学习服务维护、学习诊断与评价等诸多重要功能。从人—技术环境关系的视角来看，智慧学习旨在充分利用智能设备无缝接入，并自由订制个性化服务、参与学习活动，从而培养具有良好价值取向、较高思维品质和较强思维能力的人才。换言之，学习者通过有选择地参与智能学习环境中的各种活动，使没有智能技术环境支持的某些学习方式（如移动式协作学习）由不可能转化为可能、由小能转化为大能，从而培养出更多"聪慧"的学习者。这种人—技术的互动互惠关系可以简述为：在智慧学习环境或空间中，学习者可以借助智能终端，通过无缝接入方式访问泛在网络，快捷提取所需的知识信息，选择适宜的网络服务，将有限的注意力和心理资源投入到更需要它们的、更有价值的学习任务之中；学习者可以直接参与到问题定义、快速形成解决方案和灵活采取行动的过程中，从而不断提高应对复杂情境和问题的智慧能力。

一个完整的智慧学习系统以学习者为核心，从内到外包含学习者体验、教学学习支持技术、学习情境要素、教与学逻辑关系 4 个层次。教与学的逻辑应遵循学习资源匹配、教学逻辑自洽、学习体验丰富、学习反馈及时 4 个基本原则。

### 1.3.1 智慧学习环境

智慧学习系统离不开智慧学习环境的支持。智慧学习环境是指一种能感知学习情境、识别学习者特征、提供合适的学习资源与便利的互动工具、自动记录学习过程和测评学习成果，以促进学习者有效学习的学习场所或活动空间。在智慧学习环境中，人们能够在任意时间（Any Time）、任意地点（Any Place），以任意方式（Any Way）和任意步调（Any Pace）（简称 4A）进行学习，这类学习环境能够支持学习者轻松地（Easy Learning）、投入地（Engaged Learning）和有效地（Effective Learning）（简称 3E）学习。4A 与 3E 的示意图如图 1-2 所示。

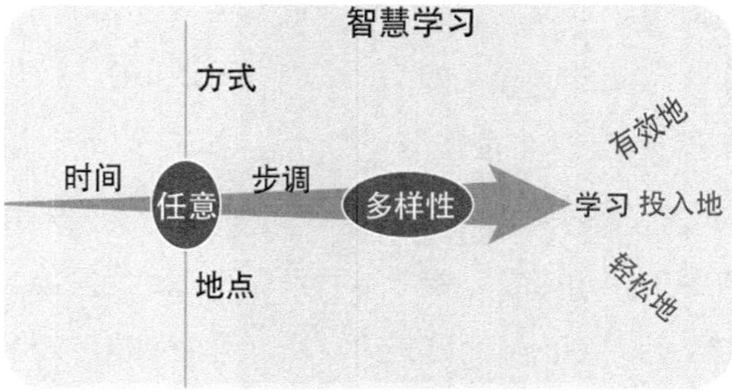


图 1-2　智慧学习环境中的 4A 与 3E

## 1.3.2　智慧学习的 9 个场域

由于不同年龄阶段学习者的特点不同，所以智慧学习环境也有所差异，它包括以学校为中心的 5 个核心场域，即学校、家庭、社区、公共场所、工作场所，以及延伸出的 4 个拓展场域，即学区、场馆、教室、农村，如图 1-3 所示。这 9 个场域是深入应用智慧学习环境的基础。

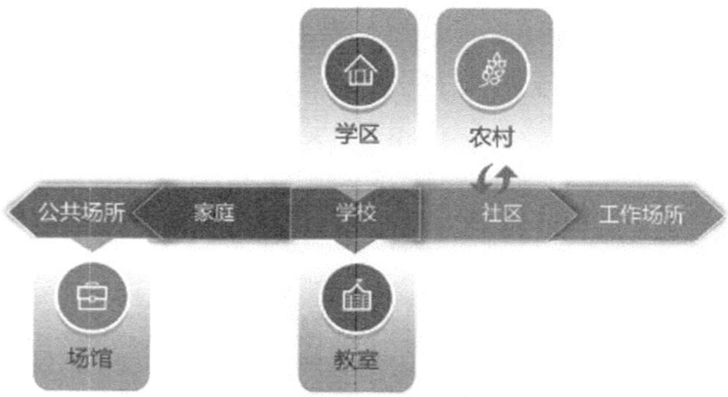


图 1-3　智慧学习的 9 个场域

# 1.4 场馆智慧学习

近年来，各地掀起的智慧城市建设热潮，加速促进了互联网、大数据、人工智能等新一代信息技术与城市经济社会各领域的深度融合，也使得场馆学习更加智慧化。移动技术、大数据与云服务、物联网、智能与虚拟现实技术、自带设备、创客空间、游戏化、网站和特效影院等智能技术的应用不仅有力地推动了场馆智慧学习环境的建设，还使得场馆展陈设计更加智能化、参展体验更加个性化，在公共服务和资源共享方面也表现出有别于场馆学习的全新感受。场馆智慧学习是建设智慧城市的重要内容之一，对提高市民宜居体验具有重要作用。

智慧学习蕴含于高效的学校教育、家庭教育、社区教育以及各类场馆等城市教育系统中。其中，场馆作为智慧学习的典型场域，从过去休闲娱乐的场所，逐步发展成公众学习的平台。市民在双休日、节假日以家庭为单位去图书馆、博物馆、科技馆学习已经成为新常态。场馆已经成为终身教育的重要组成部分，它在智慧学习、提高公众科学文化素质、提升国家软实力中发挥着重要作用。

## 1.4.1 场馆学习

场馆学习是一种情境化的、基于实物和具体经验的学习，是终身学习，是提高公众科学文化素养的重要手段之一。场馆的学习过程既是全方位学习，让学习者学会在各种情景中应用科学信息；又是深度学习，通过学习者个人内在的价值观念来引导其对科学信息的应用，由此学生可以形成对科学的兴趣、理解科学知识、锻炼科学推理能力、进行科学反思、经历科学实践、理解和支持科学事业。场馆学习受到个人因素、物理环境和社会环境 3 方面因素的影响。传统的学校教育多采用知识灌输模式，公众是被动学习，忽略了态度、兴趣、技能等的发展。场馆学习提供了不同于学校的学习方法和内容，主要有以下几个特点。

**1. 场馆有丰富的学习资源**

场馆可以通过开展形式多样的活动来激发公众学习和动手操作的兴趣，以方便公众随时参与学习。场馆能以展品为媒介，通过寓教于乐的教育方式，使公众潜移默化地受到环境的影响。公众无论是参观展览还是操作互动，都能在开放的环境中快乐学习。

**2. 场馆是一个自我导向、自由选择的学习环境**

公众进入场馆，可以自主选择参观路线、参观内容。公众可以在参观过程中通过视觉、听觉、触觉等获得相关的知识，学习效果好。而课堂教学由于缺少场景的支持，缺少理论与实践的结合，且教材中的知识较为抽象，学习效果不尽如人意。

**3. 场馆为公众提供了均等的学习机会**

无论公众的年龄段、教育背景等如何多元化，都不会成为场馆学习的阻碍因素。只要愿意，谁都可以进入场馆参与学习。

**4. 场馆为公众提供了多元化的学习资源**

场馆内的学习资源主要包括展品、图书、多媒体、虚拟现实技术等，公众可以根据自己的需要、兴趣等自由选择。这些学习资源能够增加公众的真实体验与感受，激发其学习兴趣，强化学习效果。

**5. 场馆学习注重学习体验**

场馆学习不仅能获得知识，而且能通过让公众对展品及其情境进行直接体验，促使他们在兴趣、态度、观念、技能上有所发展，赋予他们愉悦的学习体验。同时，场馆学习强调直接经验的学习效果，即通过与场馆里的展品和媒介进行交互，激发公众的好奇心和学习动机。

### 1.4.2 场馆智慧学习

场馆智慧学习是场馆学习的发展趋势，也是智慧学习系统的重要组成部分。它是依托于互联网、大数据、云服务等信息技术的一种智能化、网络化、个性化的学习方式，包括学习资源、信息技术、学习环境、个性化服务、学习方式以及学习体验等 6 个方面，[①] 如图 1-4 所示。

① 北京师范大学智慧学习研究院. 2016 中国智慧学习环境白皮书［R］. 2017.51.

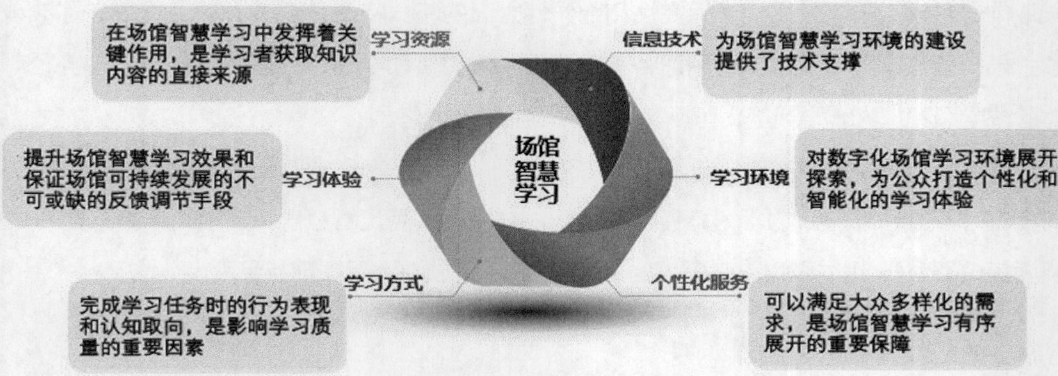


**图 1-4　场馆智慧学习 6 要素图**

学习资源在场馆智慧学习中发挥着关键作用，是学习者获取知识内容的直接来源。场馆的展品是学习者最主要和最直接的学习资源。当前，场馆展出内容已由传统的收藏、研究、展示功能向现代学习、体验功能转变，场馆也会通过创客等形式开展科普教育活动。

信息技术为场馆智慧学习环境的建设提供了技术支撑。大数据、云计算、物联网、虚拟现实和人工智能技术的快速发展，为场馆智慧学习环境建设提供了强有力的技术支撑，也使展陈设计更加智能化和个性化，为学习者带来了独特的观展体验。

学习环境是促进学习者主动建构知识结构和促进能力生成的外部条件。场馆学习环境是从信息技术的视角对数字化场馆学习环境展开探索，为公众打造更加便捷的学习形式与个性化和智能化的学习体验，从而实现场馆学习的实体空间环境和虚拟技术环境之间的整合与融通。

个性化服务是指根据用户的设定，依据各种渠道对资源进行搜集、整理和分类，向用户提供和推荐相关信息，以满足不同用户的需求的服务。从整体上说，个性化服务打破了传统的被动服务模式，能够充分利用各种资源优势，主动开展以满足用户个性化需求为目的的全方位服务。个性化服务是场馆智慧学习有序展开的重要保障。场馆智慧学习要更加注重个性化服务，强调学习体验。不同年龄段的学习者的学习方法、学习内容、学习效果不同，学习环境的设计也不能千篇一律，要因人施教。

学习方式是指在一定的学习目标的指引下，学习者在完成学习任务时的行为表现和认知取向，是学习者在自主性、探究性和合作性方面的基本特征，是影响学习质量的重要因素。场馆智慧学习方式主要是利用各种智能技术实现移动学习、泛在学习、讨论式学习、体验式学习和探究式学习等，可以实现学习效果的最优化。

学习体验是学习者在学习过程中的主观感受，可以指在正式的学习场景中的感受，也可指在非正式和非正规的学习场景中的感受，其核心是满足智慧学习。学习体验的提升是增强场馆智慧学习效果和保证场馆可持续发展的不可或缺的反馈调节手段。

### 1.4.3 场馆智慧学习的技术支撑

场馆智慧学习比场馆学习更加注重云计算、大数据、移动互联网、人工智能、物联网等信息技术在场馆中的应用，改变了场馆传统的学习方式，其涉及的具体智能技术包括移动技术、大数据与云服务、物联网、智能与虚拟现实技术、自带设备、创客空间、游戏化学习、网站、特效影院。这些智能技术相互结合，不仅有力地推动了场馆智慧学习环境的建设，还使得场馆展陈设计更加智能化，在公共服务和资源共享方面也给学习者提供了全新的感受。

**1. 移动技术方便公众获取场馆信息**

移动技术的使用拓宽了移动交互的空间，改变了公众的生活、工作方式。在互联网时代，人们的学习更加趋向碎片化，很多人更倾向于通过移动设备来获取场馆信息，而不是集中时间去图书馆、博物馆、科技馆亲自体验。在现实生活中，移动技术充当了公众与场馆中各种数字资源和展品无缝连接、深层交互的桥梁。

目前，场馆学习中的移动技术应用包括移动应用、社交媒体和定位服务。其中，移动应用为场馆提供了与公众沟通的平台。场馆可以运用移动技术为公众提供信息推送服务，包括各种展教活动与展品资源等，而公众可以通过移动技术完成知识共享。定位服务是一种能够显示公众当前位置的技术，它可以记录公众感兴趣或参观过的展品或展项。许多场馆已经在公共区域内提供免费 Wi-Fi，并利用 Wi-Fi 热点三角测量技术向公众提供个性化服务。场馆还可以通过手机 App 向公众提供定制化服务，如推荐周边的展览和活动等。

**2. 大数据、云计算提供了丰富的信息资源，实现了信息资源共享**

在大数据、云计算环境下，数据成为重要资产，只有通过大数据分析才能获得有价值的、深入的、智能的信息和知识。在大数据时代，场馆能够向公众提供更丰富的学习资源，并且各场馆的服务理念、服务方式、服务手段、服务内容等都产生了很大的变化。场馆服务开始从数据采集、整合、管理向数据统计、挖掘、分析与展现等方向延伸。云计算技术为场馆信息资源共享提供了可能。

**3. 物联网改变场馆学习方式**

物联网技术的应用对场馆智慧学习具有重要意义。物联网对提高展品保护效果、增加语境知识入口、重塑文化作品之间的合作具有潜在的推动作用。公众可以通过物联网技术自行下载历史信息和元数据，这将彻底改变传统解说和公众参与的方式，能将所有的人、物和设备连接在一起工作。随着物联网技术的发展，场馆知识被融入日常活动当中，供人们随时随地访问。

**4. 人工智能技术与虚拟现实技术创新体验式学习模式**

人工智能为场馆智慧学习开启了一种通过计算机建模、模拟与仿真来感知展品及环境的全新体验式学习模式。人工智能技术可以根据公众的个性特征为其提供定制化的支持与服务，能极大地改进与提升公众的参观体验。虚拟现实技术在为场馆提供高度逼真的虚拟展品的同时，还能为公众提供一种浸入式的交互环境，从而非常有效地增强公众在场馆学习过程中的交互体验。目前，在场馆学习中应用比较广泛的智能与虚拟现实技术主要包括基于手势的运算技术、增强现实技术、自然用户界面与虚拟访问技术等。

**5. 自带设备满足公众需求**

自带设备是指人们在学习和工作环境中使用自己携带的笔记本电脑、平板电脑、智能手机或其他移动设备的一种行为。目前，场馆自带设备的使用有两个趋势，一是满足公众携带移动网络设备随处参观的需求，二是把笔记本电脑和智能手机作为办公工具。事实上，智能手机已成为博物馆提供各种服务、进行互动交流、开展教育项目的切入点，因此推进自带设备的应用是满足公众需求的重要手段。场馆也逐步创建了自带设备的工作环境。随着移动设备的普及，各场馆陆续建设了无线网络，通过提高移动设备网络接入的效率和规模，提高手机 App 用户与场馆进行互动的意愿和频率。无线网络和有线网络的同时使用也可以增加场馆内公众的数量，并能向公众提供优质的在线服务。

### 6. 创客空间影响参观体验

越来越多的人开始把创客空间当作解决实践难题、开展创意工作的学习场所。创客空间是一个可供某个领域的技术爱好者们定期举行聚会，进行探讨和分享的地方。场馆也逐渐重视动手实践与真实的学习体验。越来越多的场馆开始建立创客空间，使公众可以实践自己的创意或深度地参与到艺术概念的创意中来。博物馆、科技馆利用创客空间鼓励公众做实验和制作工艺品，这使得他们形成了一个学习共同体。大都会博物馆艺术实验室建立的创客空间，就是希望通过这个方法来研究新兴技术对博物馆参观体验的影响。

### 7. 游戏化学习创新学习模式

游戏化学习是指在学习游戏化理念的指导下，在教学设计过程中就培养目标、评价手段、公众的年龄和心理特征、教学策略等方面，借鉴游戏来设计、选择适当的发展工具、评价方法、教学策略。游戏化学习主要是通过融合游戏元素和游戏机制来实现，例如任务道具、经验值、排行榜、重要事件和徽章等。游戏化学习已经成为场馆创新学习模式的重要方面，逐渐受到场馆的重视。

### 8. 网站建设方便公众在网上浏览场馆

场馆建设的各类网站可以使场馆内的资源共享，能提供多种形式的资源下载，方便用户获取信息。网站可以将现实中的场馆情景虚拟呈现，能提升用户体验度，起到宣传和服务用户的作用。随着 Web2.0 技术在网站建设中的使用，网站更加注重用户的交互作用，用户既是网站内容的消费者，也是网站内容的制造者。网站可以充分调动个人的积极性，极大地激发了个人创作和贡献的潜能，互动性不断提高。数字博物馆、科技馆是运用虚拟现实技术、三维图形图像技术、计算机网络技术、立体显示系统、特种视效技术，将实体博物馆、科学技术馆以三维立体的方式呈现于互联网上的博物馆、科技馆。近年来，一批优秀的数字博物馆、数字科技馆陆续建成。

### 9. 特效影院是场馆学习的重要形式

特效影院是从传统的立体影院基础上发展而来的，具有主题突出、效果逼真、科技含量高、视觉及感官冲击性强等特点。特效影院大体分为 4D 影院、动感影院、球幕影院、飞翔影院、360 度环幕影院、互动影院 6 种。目前我国场馆建设中重视的特效影院建设，包括球幕影院、巨幕影院、4D 影院、动感影院 4 种类型。

### 1.4.4 场馆智慧学习的作用

**1. 在推进智慧社会文化建设中发挥重要作用**

场馆智慧学习是智慧社会文化建设的重要组成部分，它可以促进建设幸福宜居的城市环境，提高公众的科学文化素质，满足公众多样的精神文化需求，促进知识交流共享，培养创新型人才，进一步推进智慧城市建设与创新。

**2. 有利于学习型城市建设**

场馆智慧学习已成为学习型城市建设的重要组成部分，是实现终身学习的平台。场馆智慧学习可以满足人们不同的学习需求，体现终身学习体系的灵活性。它既是知识经济时代提升市民生活品质的重要途径，也是城市实现可持续发展的动力。它在营造城市创新发展环境、推进学习型城市建设、提升国家软实力中发挥着积极作用。

**3. 是场馆学习的发展趋势**

互联网、大数据、云计算、信息技术的应用对场馆智慧学习建设有着非常重要的作用。场馆智慧学习就是要利用信息技术手段，优化公众的场馆学习体验，促进场馆学习功能的充分发挥，实现信息技术与场馆学习系统各要素、各环节的深度融合和无缝连接，实现传统的实体场馆与在线的虚拟场馆的有机结合。在进行场馆学习活动的设计时，信息技术可以为场馆学习情境的建构提供支持，使公众通过全方位的参与，增加对实物的体验。因此，利用信息技术进行场馆学习活动的设计与实践是场馆学习的发展趋势。

**4. 可以推进终身教育的发展**

与学校学习不同，场馆智慧学习不受升学、考试的影响，不受年龄、时间、文化水平等的限制，人们可以根据自身的兴趣、爱好选择场馆学习的内容和方法，还可以通过参与、互动等方式体验科学过程、学习科学文化知识。同时，随着人们对场馆学习的逐步重视，博物馆、科技馆的智慧学习与学校教育的有效衔接可以实现场馆智慧学习资源利用的最大化。这也反映了场馆智慧学习将逐渐与各级各类学校的教育教学相结合的趋势，有利于终身教育的发展。

### 5. 是推进科学教育的重要平台

科学教育是全面实施素质教育，深化教育领域综合改革，着力提高教育质量，培养学生社会责任感、创新精神、实践能力的重要内容，有助于推进中小学生素质教育，培养学生的创新精神和实践能力，造就未来创新型人才。科学教育内容包括科技知识普及、科技能力提升和科学素质培养。各类场馆是可设计的、灵活的、可让学习者沉浸于丰富具体的科学场景中并实现非正式科学学习的环境，有利于学习者快速有效地将所学内容应用于实践，即获得问题解决的高水平认知学习结果。场馆开展科学教育的意义在于发展学生的批判性思维，提升学生的信息整合能力、解决实际问题能力、创造与创新能力以及团队合作能力等 21 世纪所需的人才技能。场馆是推进科学教育的重要平台。

### 6. 有利于促进科学文化知识的传播

场馆智慧学习的过程不仅是学习科学文化知识的过程，而且是互动体验的过程。公众参与互动的程度与认知改变之间存在着显著的相关性，即参与互动越多，越能促进知识的获得。在场馆参观的过程中，通过公众之间、公众与场馆工作者之间的互动体验、观点交流，公众已经在无形中接受并传递了科学文化知识内容，并加速了科学文化知识的传播。

# 第2章 我国场馆智慧学习发展现状

对我国的9529个图书馆、博物馆和科技馆进行调查分析后发现，在本次调研的31个省份中，场馆数量在500个以上的省份有3个，场馆数量在200 ~ 500个的省份有21个，场馆数量小于200个的省份有7个。从本次调研的省份来看，东部地区场馆数量多，西部地区场馆数量少。城市间的场馆数量差异较大，调研的36个直辖市、省会（首府）城市、计划单列市中，场馆数量超过200个的城市有2个；场馆数量在100 ~ 200个的城市有9个；场馆数量在50 ~ 100个的城市有18个；场馆数量小于50个的城市有7个。调研的33个地级城市的场馆数总体较少，场馆数量超过50个的城市只有4个。场馆数量与地区生产总值存在高度相关关系，生产总值较高的地区，场馆数量也相对较多。场馆分布总量与年末常住人口数量高度相关，人口越多的地区，场馆数量越多。场馆数量与省市创新创业指数存在中度相关关系，即创新创业指数高的省市，场馆数量也较多。对657个场馆进行重点调查发现，不同类型场馆的信息化水平差异明显。但是场馆数量与专科及以上学历人口占劳动力人口的比例的相关性不显著。

注：本书中的场馆数量（包括图书馆、博物馆、科技馆等场馆的数量）数据均来源于各个省（自治区、直辖市）、市、区、县的统计年鉴，书中的地区生产总值数据来源于国家统计局的《中国统计年鉴2016》。

## 2.1 场馆数量与经济发展

### 2.1.1 场馆数量与经济发展的关系

我们调研的31个省（自治区、直辖市）的场馆数量与地区生产总值[①]呈显著相关，斯皮尔曼相关系数达到0.837，二者高度相关[②③]，即生产总值越高的地区，场馆数量越多，见表2-1、图2-1。其他相关数据见表2-2。

---

① 国家统计局. 中国统计年鉴2016［M］. 北京：中国统计出版社，2016.
② 尼尔. J. 萨尔金德著，史玲玲译. 爱上统计学（中译本 第2版），重庆大学出版社，2011年1月第2版：P58-59.
③ 斯皮尔曼相关系数达到0.837>0.8，二者存在高度相关关系。

表 2-1　31 个省（自治区、直辖市）的地区生产总值和场馆数量[①]

| 序号 | 省、自治区、直辖市名称 | 地区生产总值（亿元） | 场馆数量（个） | 图书馆数量（个） | 博物馆数量（个） | 科技馆数量（个） |
|---|---|---|---|---|---|---|
| 1 | 广东省 | 72812.55 | 571 | 279 | 263 | 29 |
| 2 | 江苏省 | 70116.38 | 578 | 276 | 276 | 26 |
| 3 | 山东省 | 63002.33 | 585 | 223 | 349 | 13 |
| 4 | 浙江省 | 42886.49 | 481 | 170 | 289 | 22 |
| 5 | 河南省 | 37002.16 | 444 | 164 | 270 | 10 |
| 6 | 四川省 | 30053.10 | 422 | 193 | 222 | 7 |
| 7 | 河北省 | 29806.11 | 306 | 201 | 96 | 9 |
| 8 | 湖北省 | 29550.19 | 451 | 179 | 205 | 67 |
| 9 | 湖南省 | 28902.21 | 317 | 178 | 134 | 5 |
| 10 | 辽宁省 | 28669.02 | 343 | 228 | 100 | 15 |
| 11 | 福建省 | 25989.82 | 294 | 164 | 117 | 13 |
| 12 | 上海市 | 25123.45 | 244 | 125 | 113 | 6 |
| 13 | 北京市 | 23014.59 | 344 | 197 | 138 | 9 |
| 14 | 安徽省 | 22005.63 | 338 | 138 | 189 | 11 |
| 15 | 陕西省 | 18021.86 | 388 | 141 | 240 | 7 |
| 16 | 内蒙古自治区 | 17831.51 | 359 | 143 | 199 | 17 |
| 17 | 广西壮族自治区 | 16803.12 | 250 | 146 | 101 | 3 |
| 18 | 江西省 | 16723.78 | 327 | 178 | 141 | 8 |
| 19 | 天津市 | 16538.19 | 193 | 132 | 58 | 3 |
| 20 | 重庆市 | 15717.27 | 162 | 96 | 64 | 2 |
| 21 | 黑龙江省 | 15083.67 | 395 | 189 | 195 | 11 |
| 22 | 吉林省 | 14063.13 | 301 | 158 | 108 | 35 |
| 23 | 云南省 | 13619.17 | 248 | 136 | 105 | 7 |

① 场馆数量（包括图书馆、博物馆、科技馆数量）数据均来源于各个省（自治区、直辖市）、市、区、县的统计年鉴汇总统计。下文其他图表数据均来源于此。

续表

| 序号 | 省、自治区、直辖市名称 | 地区生产总值（亿元） | 场馆数量（个） | 图书馆数量（个） | 博物馆数量（个） | 科技馆数量（个） |
|---|---|---|---|---|---|---|
| 24 | 山西省 | 12766.49 | 296 | 167 | 126 | 3 |
| 25 | 贵州省 | 10502.56 | 177 | 92 | 83 | 2 |
| 26 | 新疆维吾尔自治区 | 9324.80 | 235 | 117 | 105 | 13 |
| 27 | 甘肃省 | 6790.32 | 268 | 76 | 189 | 3 |
| 28 | 海南省 | 3702.76 | 62 | 37 | 24 | 1 |
| 29 | 宁夏回族自治区 | 2911.77 | 72 | 31 | 39 | 2 |
| 30 | 青海省 | 2417.05 | 66 | 33 | 32 | 1 |
| 31 | 西藏自治区 | 1026.39 | 12 | 3 | 8 | 1 |

**表 2-2　31 个省（自治区、直辖市）的人均地区生产总值和场馆数量**

| 序号 | 省、自治区、直辖市名称 | 人均地区生产总值（元） | 场馆数量（个） | 图书馆数量（个） | 博物馆数量（个） | 科技馆数量（个） |
|---|---|---|---|---|---|---|
| 1 | 天津市 | 107960 | 193 | 132 | 58 | 3 |
| 2 | 北京市 | 106497 | 344 | 197 | 138 | 9 |
| 3 | 上海市 | 103796 | 244 | 125 | 113 | 6 |
| 4 | 江苏省 | 87995 | 578 | 276 | 276 | 26 |
| 5 | 浙江省 | 77644 | 481 | 170 | 289 | 22 |
| 6 | 内蒙古自治区 | 71101 | 359 | 143 | 199 | 17 |
| 7 | 福建省 | 67966 | 294 | 164 | 117 | 13 |
| 8 | 广东省 | 67503 | 571 | 279 | 263 | 29 |
| 9 | 辽宁省 | 65354 | 343 | 228 | 100 | 15 |
| 10 | 山东省 | 64168 | 585 | 223 | 349 | 13 |
| 11 | 重庆市 | 52321 | 162 | 96 | 64 | 2 |
| 12 | 吉林省 | 51086 | 301 | 158 | 108 | 35 |
| 13 | 湖北省 | 50654 | 451 | 179 | 205 | 67 |
| 14 | 陕西省 | 47626 | 388 | 141 | 240 | 7 |
| 15 | 宁夏回族自治区 | 43805 | 72 | 31 | 39 | 2 |

续表

| 序号 | 省、自治区、直辖市名称 | 人均地区生产总值（元） | 场馆数量（个） | 图书馆数量（个） | 博物馆数量（个） | 科技馆数量（个） |
|---|---|---|---|---|---|---|
| 16 | 湖南省 | 42754 | 317 | 178 | 134 | 5 |
| 17 | 青海省 | 41252 | 66 | 33 | 32 | 1 |
| 18 | 海南省 | 40818 | 62 | 37 | 24 | 1 |
| 19 | 河北省 | 40255 | 306 | 201 | 96 | 9 |
| 20 | 新疆维吾尔自治区 | 40036 | 235 | 117 | 105 | 13 |
| 21 | 黑龙江省 | 39462 | 395 | 189 | 195 | 11 |
| 22 | 河南省 | 39123 | 444 | 164 | 270 | 10 |
| 23 | 四川省 | 36775 | 422 | 193 | 222 | 7 |
| 24 | 江西省 | 36724 | 327 | 178 | 141 | 8 |
| 25 | 安徽省 | 35997 | 338 | 138 | 189 | 11 |
| 26 | 广西壮族自治区 | 35190 | 250 | 146 | 101 | 3 |
| 27 | 山西省 | 34919 | 296 | 167 | 126 | 3 |
| 28 | 西藏自治区 | 31999 | 12 | 3 | 8 | 1 |
| 29 | 贵州省 | 29847 | 177 | 92 | 83 | 2 |
| 30 | 云南省 | 28806 | 248 | 136 | 105 | 7 |
| 31 | 甘肃省 | 26165 | 268 | 76 | 189 | 3 |

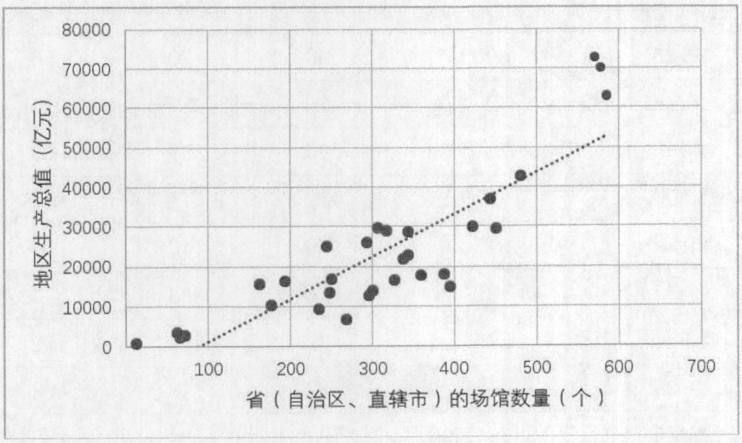


图 2-1　36 个省（自治区、直辖市）的场馆数量和地区生产总值散点图

分析调研的36个直辖市、省会（首府）城市、计划单列市的数据发现，场馆数量与地区生产总值呈显著相关，皮尔逊相关系数达到0.833，二者高度相关①，即生产总值越高的城市，场馆数量越多，见表2-3、图2-2。其他相关数据见表2-4、图2-3。

表2-3 36个直辖市、省会（首府）城市、计划单列市的地区生产总值和场馆数量

| 序号 | 直辖市、省会（首府）城市、计划单列市名称 | 地区生产总值（亿元） | 场馆数量（个） | 图书馆数量（个） | 博物馆数量（个） | 科技馆数量（个） |
|---|---|---|---|---|---|---|
| 1 | 上海市 | 25123.45 | 244 | 125 | 113 | 6 |
| 2 | 北京市 | 23014.59 | 344 | 197 | 138 | 9 |
| 3 | 广州市 | 18100.41 | 147 | 96 | 47 | 4 |
| 4 | 深圳市 | 17502.86 | 65 | 22 | 41 | 2 |
| 5 | 天津市 | 16538.19 | 193 | 132 | 58 | 3 |
| 6 | 重庆市 | 15717.27 | 162 | 96 | 64 | 2 |
| 7 | 武汉市 | 10905.60 | 155 | 73 | 77 | 5 |
| 8 | 成都市 | 10801.16 | 150 | 62 | 87 | 1 |
| 9 | 杭州市 | 10050.21 | 109 | 52 | 53 | 4 |
| 10 | 南京市 | 9720.77 | 124 | 79 | 43 | 2 |
| 11 | 青岛市 | 9300.07 | 92 | 30 | 60 | 2 |
| 12 | 长沙市 | 8510.13 | 78 | 50 | 25 | 3 |
| 13 | 宁波市 | 8003.61 | 90 | 20 | 66 | 4 |
| 14 | 大连市 | 7731.64 | 66 | 39 | 26 | 1 |
| 15 | 郑州市 | 7311.52 | 90 | 57 | 30 | 3 |
| 16 | 沈阳市 | 7272.31 | 90 | 71 | 17 | 2 |
| 17 | 济南市 | 6100.23 | 76 | 46 | 29 | 1 |
| 18 | 西安市 | 5801.20 | 148 | 63 | 81 | 4 |
| 19 | 哈尔滨市 | 5751.21 | 151 | 77 | 72 | 2 |
| 20 | 合肥市 | 5660.27 | 62 | 36 | 23 | 3 |
| 21 | 福州市 | 5618.08 | 81 | 54 | 25 | 2 |

① 皮尔逊相关系数达到0.837>0.8，二者存在高度相关关系。

续表

| 序号 | 直辖市、省会（首府）城市、计划单列市名称 | 地区生产总值（亿元） | 场馆数量（个） | 图书馆数量（个） | 博物馆数量（个） | 科技馆数量（个） |
|---|---|---|---|---|---|---|
| 22 | 长春市 | 5530.03 | 97 | 65 | 28 | 4 |
| 23 | 石家庄市 | 5440.60 | 66 | 48 | 15 | 3 |
| 24 | 南昌市 | 4000.01 | 90 | 70 | 19 | 1 |
| 25 | 昆明市 | 3968.01 | 66 | 39 | 24 | 3 |
| 26 | 厦门市 | 3466.03 | 34 | 24 | 9 | 1 |
| 27 | 南宁市 | 3410.09 | 55 | 44 | 10 | 1 |
| 28 | 呼和浩特市 | 3090.52 | 79 | 39 | 38 | 2 |
| 29 | 贵阳市 | 2891.16 | 41 | 28 | 12 | 1 |
| 30 | 太原市 | 2735.34 | 77 | 63 | 12 | 2 |
| 31 | 乌鲁木齐市 | 2631.64 | 42 | 33 | 7 | 2 |
| 32 | 兰州市 | 2095.99 | 59 | 36 | 23 | 0 |
| 33 | 银川市 | 1493.86 | 34 | 16 | 17 | 1 |
| 34 | 海口市 | 1161.96 | 23 | 16 | 6 | 1 |
| 35 | 西宁市 | 1131.62 | 32 | 18 | 13 | 1 |
| 36 | 拉萨市 | 376.73 | 8 | 3 | 4 | 1 |

表 2-4　36 个直辖市、省会（首府）城市、计划单列市的人均地区生产总值和场馆数量

| 序号 | 直辖市、省会（首府）城市、计划单列市名称 | 人均地区生产总值（元） | 场馆数量（个） | 图书馆数量（个） | 博物馆数量（个） | 科技馆数量（个） |
|---|---|---|---|---|---|---|
| 1 | 深圳市 | 157985 | 65 | 22 | 41 | 2 |
| 2 | 广州市 | 136188 | 147 | 96 | 47 | 4 |
| 3 | 南京市 | 118171 | 124 | 79 | 43 | 2 |
| 4 | 长沙市 | 115443 | 78 | 50 | 25 | 3 |
| 5 | 杭州市 | 112230 | 109 | 52 | 53 | 4 |
| 6 | 大连市 | 110682 | 66 | 39 | 26 | 1 |
| 7 | 天津市 | 107960 | 193 | 132 | 58 | 3 |
| 8 | 北京市 | 106497 | 344 | 197 | 138 | 9 |

续表

| 序号 | 直辖市、省会（首府）城市、计划单列市名称 | 人均地区生产总值（元） | 场馆数量（个） | 图书馆数量（个） | 博物馆数量（个） | 科技馆数量（个） |
|---|---|---|---|---|---|---|
| 9 | 武汉市 | 104132 | 155 | 73 | 77 | 5 |
| 10 | 上海市 | 103796 | 244 | 125 | 113 | 6 |
| 11 | 青岛市 | 102519 | 92 | 30 | 60 | 2 |
| 12 | 宁波市 | 102374 | 90 | 20 | 66 | 4 |
| 13 | 呼和浩特市 | 101492 | 79 | 39 | 38 | 2 |
| 14 | 厦门市 | 90397 | 34 | 24 | 9 | 1 |
| 15 | 沈阳市 | 87734 | 90 | 71 | 17 | 2 |
| 16 | 济南市 | 85919 | 76 | 46 | 29 | 1 |
| 17 | 郑州市 | 77179 | 90 | 57 | 30 | 3 |
| 18 | 南昌市 | 75879 | 90 | 70 | 19 | 1 |
| 19 | 福州市 | 75259 | 81 | 54 | 25 | 2 |
| 20 | 乌鲁木齐市 | 74340 | 42 | 33 | 7 | 2 |
| 21 | 成都市 | 74273 | 150 | 62 | 87 | 1 |
| 22 | 长春市 | 73324 | 97 | 65 | 28 | 4 |
| 23 | 合肥市 | 73102 | 62 | 36 | 23 | 3 |
| 24 | 银川市 | 69594 | 34 | 16 | 17 | 1 |
| 25 | 西安市 | 66938 | 148 | 63 | 81 | 4 |
| 26 | 太原市 | 63483 | 77 | 63 | 12 | 2 |
| 27 | 贵阳市 | 63003 | 41 | 28 | 12 | 1 |
| 28 | 昆明市 | 59656 | 66 | 39 | 24 | 3 |
| 29 | 拉萨市 | 59223 | 8 | 3 | 4 | 1 |
| 30 | 哈尔滨市 | 59027 | 151 | 77 | 72 | 2 |
| 31 | 兰州市 | 56972 | 59 | 36 | 23 | 0 |
| 32 | 海口市 | 52534 | 23 | 16 | 6 | 1 |
| 33 | 重庆市 | 52321 | 162 | 96 | 64 | 2 |
| 34 | 石家庄市 | 51043 | 66 | 48 | 15 | 3 |
| 35 | 西宁市 | 49197 | 32 | 18 | 13 | 1 |
| 36 | 南宁市 | 49066 | 55 | 44 | 10 | 1 |

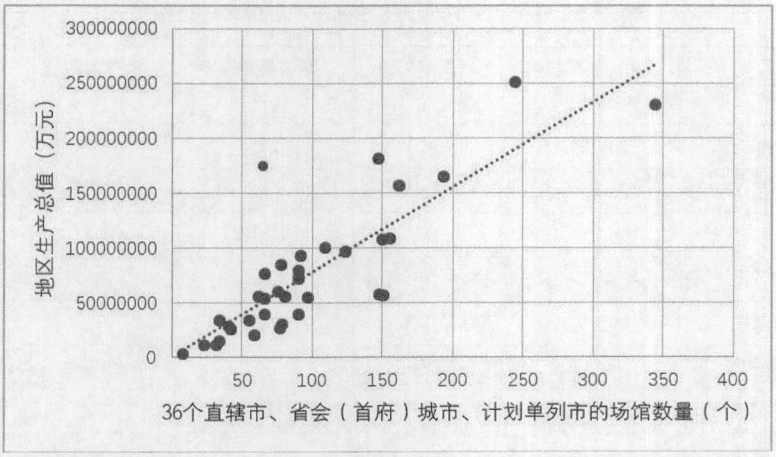


**图 2-2　36 个直辖市、省会（首府）城市、计划单列市的场馆数量和地区生产总值散点图**

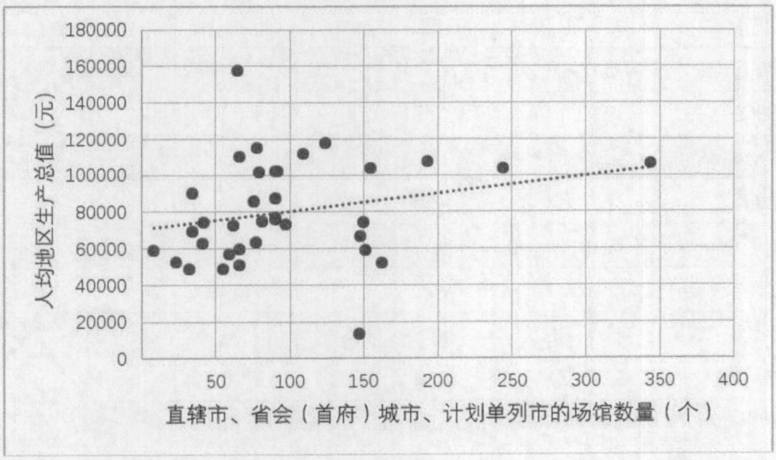


**图 2-3　36 个直辖市、省会（首府）城市、计划单列市的场馆数量和人均地区生产总值散点图**

分析 69 个大中城市的数据发现，场馆数量与地区生产总值呈显著相关，皮尔逊相关系数达到 0.846，二者高度相关。即地区生产总值越高的城市，场馆数量越多，见表 2-5、图 2-4。场馆数量与人均地区生产总值呈显著相关，斯皮尔曼相关系数达到 0.564，二者中度相关①，即人均地区生产总值越高的城市，场馆数量越多，见表 2-6、图 2-5。

① 皮尔逊相关系数达到 0.564>0.4，二者存在中度相关关系。

表 2-5　69 个大中城市的地区生产总值和场馆数量

| 序号 | 城市名称 | 地区生产总值（亿元） | 场馆数量（个） | 图书馆数量（个） | 博物馆数量（个） | 科技馆数量（个） |
|---|---|---|---|---|---|---|
| 1 | 上海市 | 25123.45 | 244 | 125 | 113 | 6 |
| 2 | 北京市 | 23014.59 | 344 | 197 | 138 | 9 |
| 3 | 广州市 | 18100.41 | 147 | 96 | 47 | 4 |
| 4 | 深圳市 | 17502.86 | 65 | 22 | 41 | 2 |
| 5 | 天津市 | 16538.19 | 193 | 132 | 58 | 3 |
| 6 | 重庆市 | 15717.27 | 162 | 96 | 64 | 2 |
| 7 | 武汉市 | 10905.60 | 155 | 73 | 77 | 5 |
| 8 | 成都市 | 10801.16 | 150 | 62 | 87 | 1 |
| 9 | 杭州市 | 10050.21 | 109 | 52 | 53 | 4 |
| 10 | 南京市 | 9720.77 | 124 | 79 | 43 | 2 |
| 11 | 青岛市 | 9300.07 | 92 | 30 | 60 | 2 |
| 12 | 无锡市 | 8518.26 | 77 | 17 | 57 | 3 |
| 13 | 长沙市 | 8510.13 | 78 | 50 | 25 | 3 |
| 14 | 宁波市 | 8003.61 | 90 | 20 | 66 | 4 |
| 15 | 大连市 | 7731.64 | 66 | 39 | 26 | 1 |
| 16 | 郑州市 | 7311.52 | 90 | 57 | 30 | 3 |
| 17 | 沈阳市 | 7272.31 | 90 | 71 | 17 | 2 |
| 18 | 烟台市 | 6446.08 | 53 | 22 | 28 | 3 |
| 19 | 泉州市 | 6137.71 | 34 | 17 | 15 | 2 |
| 20 | 唐山市 | 6103.06 | 34 | 15 | 18 | 1 |
| 21 | 济南市 | 6100.23 | 76 | 46 | 29 | 1 |
| 22 | 西安市 | 5801.20 | 148 | 63 | 81 | 4 |
| 23 | 哈尔滨市 | 5751.21 | 151 | 77 | 72 | 2 |
| 24 | 合肥市 | 5660.27 | 62 | 36 | 23 | 3 |
| 25 | 福州市 | 5618.08 | 81 | 54 | 25 | 2 |
| 26 | 长春市 | 5530.03 | 97 | 65 | 28 | 4 |
| 27 | 石家庄市 | 5440.60 | 66 | 48 | 15 | 3 |
| 28 | 温州市 | 4618.08 | 52 | 22 | 29 | 1 |

续表

| 序号 | 城市名称 | 地区生产总值（亿元） | 场馆数量（个） | 图书馆数量（个） | 博物馆数量（个） | 科技馆数量（个） |
|---|---|---|---|---|---|---|
| 29 | 扬州市 | 4016.84 | 39 | 23 | 15 | 1 |
| 30 | 济宁市 | 4013.12 | 42 | 14 | 28 | 0 |
| 31 | 南昌市 | 4000.01 | 90 | 70 | 19 | 1 |
| 32 | 昆明市 | 3968.01 | 66 | 39 | 24 | 3 |
| 33 | 包头市 | 3721.93 | 30 | 21 | 8 | 1 |
| 34 | 洛阳市 | 3469.03 | 58 | 10 | 48 | 0 |
| 35 | 厦门市 | 3466.03 | 34 | 24 | 9 | 1 |
| 36 | 南宁市 | 3410.09 | 55 | 44 | 10 | 1 |
| 37 | 金华市 | 3402.34 | 43 | 15 | 25 | 3 |
| 38 | 宜昌市 | 3384.80 | 41 | 14 | 18 | 9 |
| 39 | 襄阳市 | 3382.12 | 26 | 12 | 8 | 6 |
| 40 | 惠州市 | 3140.03 | 22 | 11 | 10 | 1 |
| 41 | 呼和浩特市 | 3090.52 | 79 | 39 | 38 | 2 |
| 42 | 贵阳市 | 2891.16 | 41 | 28 | 12 | 1 |
| 43 | 岳阳市 | 2886.28 | 23 | 10 | 12 | 1 |
| 44 | 太原市 | 2735.34 | 77 | 63 | 12 | 2 |
| 45 | 常德市 | 2709.02 | 22 | 11 | 11 | 0 |
| 46 | 乌鲁木齐市 | 2631.64 | 42 | 33 | 7 | 2 |
| 47 | 吉林市 | 2394.19 | 42 | 21 | 16 | 5 |
| 48 | 湛江市 | 2380.02 | 21 | 14 | 6 | 1 |
| 49 | 遵义市 | 2168.34 | 29 | 13 | 16 | 0 |
| 50 | 兰州市 | 2095.99 | 59 | 36 | 23 | 0 |
| 51 | 赣州市 | 1973.87 | 45 | 25 | 19 | 1 |
| 52 | 桂林市 | 1942.97 | 44 | 24 | 20 | 0 |
| 53 | 九江市 | 1902.68 | 36 | 18 | 18 | 0 |
| 54 | 平顶山市 | 1705.78 | 20 | 7 | 13 | 0 |
| 55 | 南充市 | 1516.20 | 23 | 15 | 7 | 1 |
| 56 | 银川市 | 1493.86 | 34 | 16 | 17 | 1 |

续表

| 序号 | 城市名称 | 地区生产总值（亿元） | 场馆数量（个） | 图书馆数量（个） | 博物馆数量（个） | 科技馆数量（个） |
|---|---|---|---|---|---|---|
| 57 | 安庆市 | 1417.43 | 30 | 11 | 16 | 3 |
| 58 | 泸州市 | 1353.41 | 16 | 9 | 7 | 0 |
| 59 | 锦州市 | 1327.33 | 21 | 14 | 6 | 1 |
| 60 | 牡丹江市 | 1310.70 | 37 | 17 | 20 | 0 |
| 61 | 蚌埠市 | 1253.06 | 13 | 7 | 5 | 1 |
| 62 | 秦皇岛市 | 1250.44 | 13 | 10 | 3 | 0 |
| 63 | 海口市 | 1161.96 | 23 | 16 | 6 | 1 |
| 64 | 韶关市 | 1149.98 | 22 | 10 | 9 | 3 |
| 65 | 西宁市 | 1131.62 | 32 | 18 | 13 | 1 |
| 66 | 丹东市 | 984.90 | 18 | 12 | 4 | 2 |
| 67 | 北海市 | 892.08 | 6 | 5 | 1 | 0 |
| 68 | 三亚市 | 435.82 | 7 | 1 | 6 | 0 |
| 69 | 拉萨市 | 376.73 | 8 | 3 | 4 | 1 |

**表 2-6　69 个大中城市的人均地区生产总值和场馆数量**

| 序号 | 城市名称 | 人均地区生产总值（元） | 场馆数量（个） | 图书馆数量（个） | 博物馆数量（个） | 科技馆数量（个） |
|---|---|---|---|---|---|---|
| 1 | 深圳市 | 157985 | 65 | 22 | 41 | 2 |
| 2 | 广州市 | 136188 | 147 | 96 | 47 | 4 |
| 3 | 包头市 | 132253 | 30 | 21 | 8 | 1 |
| 4 | 无锡市 | 130938 | 77 | 17 | 57 | 3 |
| 5 | 南京市 | 118171 | 124 | 79 | 43 | 2 |
| 6 | 长沙市 | 115443 | 78 | 50 | 25 | 3 |
| 7 | 杭州市 | 112230 | 109 | 52 | 53 | 4 |
| 8 | 大连市 | 110682 | 66 | 39 | 26 | 1 |
| 9 | 天津市 | 107960 | 193 | 132 | 58 | 3 |
| 10 | 北京市 | 106497 | 344 | 197 | 138 | 9 |
| 11 | 武汉市 | 104132 | 155 | 73 | 77 | 5 |

续表

| 序号 | 城市名称 | 人均地区生产总值（元） | 场馆数量（个） | 图书馆数量（个） | 博物馆数量（个） | 科技馆数量（个） |
|---|---|---|---|---|---|---|
| 12 | 上海市 | 103796 | 244 | 125 | 113 | 6 |
| 13 | 青岛市 | 102519 | 92 | 30 | 60 | 2 |
| 14 | 宁波市 | 102374 | 90 | 20 | 66 | 4 |
| 15 | 呼和浩特市 | 101492 | 79 | 39 | 38 | 2 |
| 16 | 烟台市 | 91979 | 53 | 22 | 28 | 3 |
| 17 | 厦门市 | 90397 | 34 | 24 | 9 | 1 |
| 18 | 扬州市 | 89647 | 39 | 23 | 15 | 1 |
| 19 | 沈阳市 | 87734 | 90 | 71 | 17 | 2 |
| 20 | 济南市 | 85919 | 76 | 46 | 29 | 1 |
| 21 | 宜昌市 | 82360 | 41 | 14 | 18 | 9 |
| 22 | 唐山市 | 78398 | 34 | 15 | 18 | 1 |
| 23 | 郑州市 | 77179 | 90 | 57 | 30 | 3 |
| 24 | 南昌市 | 75879 | 90 | 70 | 19 | 1 |
| 25 | 福州市 | 75259 | 81 | 54 | 25 | 2 |
| 26 | 乌鲁木齐市 | 74340 | 42 | 33 | 7 | 2 |
| 27 | 成都市 | 74273 | 150 | 62 | 87 | 1 |
| 28 | 长春市 | 73324 | 97 | 65 | 28 | 4 |
| 29 | 合肥市 | 73102 | 62 | 36 | 23 | 3 |
| 30 | 泉州市 | 72421 | 34 | 17 | 15 | 2 |
| 31 | 银川市 | 69594 | 34 | 16 | 17 | 1 |
| 32 | 西安市 | 66938 | 148 | 63 | 81 | 4 |
| 33 | 惠州市 | 66231 | 22 | 11 | 10 | 1 |
| 34 | 太原市 | 63483 | 77 | 63 | 12 | 2 |
| 35 | 贵阳市 | 63003 | 41 | 28 | 12 | 1 |
| 36 | 金华市 | 62480 | 43 | 15 | 25 | 3 |
| 37 | 襄阳市 | 60319 | 26 | 12 | 8 | 6 |
| 38 | 昆明市 | 59656 | 66 | 39 | 24 | 3 |

续表

| 序号 | 城市名称 | 人均地区生产总值（元） | 场馆数量（个） | 图书馆数量（个） | 博物馆数量（个） | 科技馆数量（个） |
|---|---|---|---|---|---|---|
| 39 | 拉萨市 | 59223 | 8 | 3 | 4 | 1 |
| 40 | 哈尔滨市 | 59027 | 151 | 77 | 72 | 2 |
| 41 | 三亚市 | 58486 | 7 | 1 | 6 | 0 |
| 42 | 兰州市 | 56972 | 59 | 36 | 23 | 0 |
| 43 | 吉林市 | 56076 | 42 | 21 | 16 | 5 |
| 44 | 北海市 | 55248 | 6 | 5 | 1 | 0 |
| 45 | 海口市 | 52534 | 23 | 16 | 6 | 1 |
| 46 | 重庆市 | 52321 | 162 | 96 | 64 | 2 |
| 47 | 洛阳市 | 51692 | 58 | 10 | 48 | 0 |
| 48 | 岳阳市 | 51429 | 23 | 10 | 12 | 1 |
| 49 | 石家庄市 | 51043 | 66 | 48 | 15 | 3 |
| 50 | 温州市 | 50790 | 52 | 22 | 29 | 1 |
| 51 | 西宁市 | 49197 | 32 | 18 | 13 | 1 |
| 52 | 南宁市 | 49066 | 55 | 44 | 10 | 1 |
| 53 | 济宁市 | 48529 | 42 | 14 | 28 | 0 |
| 54 | 牡丹江市 | 47356 | 37 | 17 | 20 | 0 |
| 55 | 常德市 | 46408 | 22 | 11 | 11 | 0 |
| 56 | 锦州市 | 43207 | 21 | 14 | 6 | 1 |
| 57 | 丹东市 | 40850 | 18 | 12 | 4 | 2 |
| 58 | 秦皇岛市 | 40746 | 13 | 10 | 3 | 0 |
| 59 | 九江市 | 39505 | 36 | 18 | 18 | 0 |
| 60 | 韶关市 | 39380 | 22 | 10 | 9 | 3 |
| 61 | 桂林市 | 39329 | 44 | 24 | 20 | 0 |
| 62 | 蚌埠市 | 38267 | 13 | 7 | 5 | 1 |
| 63 | 遵义市 | 35123 | 29 | 13 | 16 | 0 |
| 64 | 平顶山市 | 33984 | 20 | 7 | 13 | 0 |
| 65 | 湛江市 | 32933 | 21 | 14 | 6 | 1 |

续表

| 序号 | 城市名称 | 人均地区生产总值（元） | 场馆数量（个） | 图书馆数量（个） | 博物馆数量（个） | 科技馆数量（个） |
|---|---|---|---|---|---|---|
| 66 | 泸州市 | 31714 | 16 | 9 | 7 | 0 |
| 67 | 安庆市 | 31101 | 30 | 11 | 16 | 3 |
| 68 | 南充市 | 23881 | 23 | 15 | 7 | 1 |
| 69 | 赣州市 | 23148 | 45 | 25 | 19 | 1 |

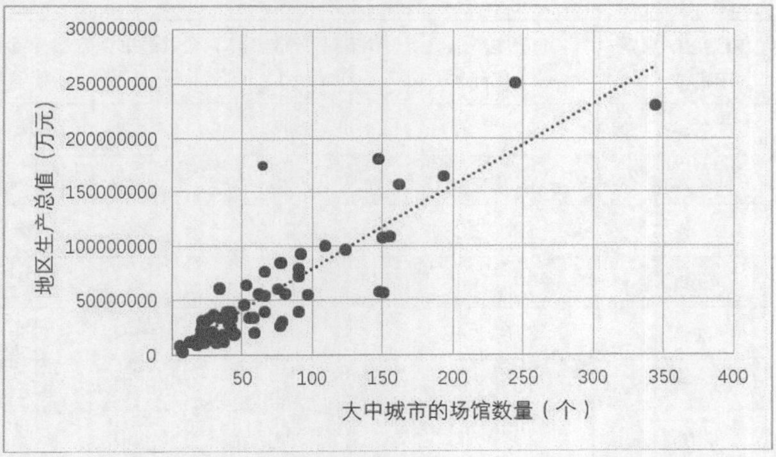


**图 2-4　69 个大中城市的场馆数量和地区生产总值散点图**

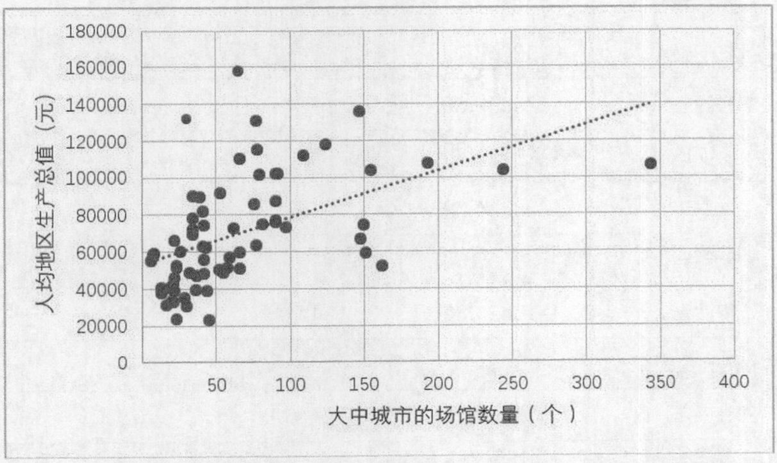


**图 2-5　69 个大中城市的场馆数量和人均地区生产总值散点图**

## 2.1.2 图书馆数量与经济发展的关系

分析我们调研的 31 个省（自治区、直辖市）的数据发现，图书馆数量与地区生产总值呈显著相关，斯皮尔曼相关系数达到 0.823，二者高度相关，即生产总值越高的地区，图书馆数量越多，见表 2-7、图 2-6。其他相关数据见表 2-8。

表 2-7　31 个省（自治区、直辖市）的地区生产总值和图书馆数量

| 序号 | 省、自治区、直辖市名称 | 地区生产总值（亿元） | 图书馆数量（个） | 公共图书馆数量（个） | 院校图书馆数量（个） |
|---|---|---|---|---|---|
| 1 | 广东省 | 72812.55 | 279 | 126 | 153 |
| 2 | 江苏省 | 70116.38 | 276 | 89 | 187 |
| 3 | 山东省 | 63002.33 | 223 | 101 | 122 |
| 4 | 浙江省 | 42886.49 | 170 | 88 | 82 |
| 5 | 河南省 | 37002.16 | 164 | 69 | 95 |
| 6 | 四川省 | 30053.10 | 193 | 86 | 107 |
| 7 | 河北省 | 29806.11 | 201 | 80 | 121 |
| 8 | 湖北省 | 29550.19 | 179 | 85 | 94 |
| 9 | 湖南省 | 28902.21 | 178 | 86 | 92 |
| 10 | 辽宁省 | 28669.02 | 228 | 90 | 138 |
| 11 | 福建省 | 25989.82 | 164 | 76 | 88 |
| 12 | 上海市 | 25123.45 | 125 | 41 | 84 |
| 13 | 北京市 | 23014.59 | 197 | 28 | 169 |
| 14 | 安徽省 | 22005.63 | 138 | 73 | 65 |
| 15 | 陕西省 | 18021.86 | 141 | 61 | 80 |
| 16 | 内蒙古自治区 | 17831.51 | 143 | 88 | 55 |
| 17 | 广西壮族自治区 | 16803.12 | 146 | 77 | 69 |
| 18 | 江西省 | 16723.78 | 178 | 89 | 89 |

续表

| 序号 | 省、自治区、直辖市名称 | 地区生产总值（亿元） | 图书馆数量（个） | 公共图书馆数量（个） | 院校图书馆数量（个） |
|---|---|---|---|---|---|
| 19 | 天津市 | 16538.19 | 132 | 28 | 104 |
| 20 | 重庆市 | 15717.27 | 96 | 30 | 66 |
| 21 | 黑龙江省 | 15083.67 | 189 | 68 | 121 |
| 22 | 吉林省 | 14063.13 | 158 | 52 | 106 |
| 23 | 云南省 | 13619.17 | 136 | 94 | 42 |
| 24 | 山西省 | 12766.49 | 167 | 76 | 91 |
| 25 | 贵州省 | 10502.56 | 92 | 50 | 42 |
| 26 | 新疆维吾尔自治区 | 9324.80 | 117 | 62 | 55 |
| 27 | 甘肃省 | 6790.32 | 76 | 28 | 48 |
| 28 | 海南省 | 3702.76 | 37 | 16 | 21 |
| 29 | 宁夏回族自治区 | 2911.77 | 31 | 16 | 15 |
| 30 | 青海省 | 2417.05 | 33 | 18 | 15 |
| 31 | 西藏自治区 | 1026.39 | 3 | 1 | 2 |

表 2-8　31 个省（自治区、直辖市）的人均地区生产总值和图书馆数量

| 序号 | 省、自治区、直辖市名称 | 人均地区生产总值（元） | 图书馆数量（个） | 公共图书馆数量（个） | 院校图书馆数量（个） |
|---|---|---|---|---|---|
| 1 | 天津市 | 107960 | 132 | 28 | 104 |
| 2 | 北京市 | 106497 | 197 | 28 | 169 |
| 3 | 上海市 | 103796 | 125 | 41 | 84 |
| 4 | 江苏省 | 87995 | 276 | 89 | 187 |
| 5 | 浙江省 | 77644 | 170 | 88 | 82 |
| 6 | 内蒙古自治区 | 71101 | 143 | 88 | 55 |
| 7 | 福建省 | 67966 | 164 | 76 | 88 |
| 8 | 广东省 | 67503 | 279 | 126 | 153 |

续表

| 序号 | 省、自治区、直辖市名称 | 人均地区生产总值（元） | 图书馆数量（个） | 公共图书馆数量（个） | 院校图书馆数量（个） |
|---|---|---|---|---|---|
| 9 | 辽宁省 | 65354 | 228 | 90 | 138 |
| 10 | 山东省 | 64168 | 223 | 101 | 122 |
| 11 | 重庆市 | 52321 | 96 | 30 | 66 |
| 12 | 吉林省 | 51086 | 158 | 52 | 106 |
| 13 | 湖北省 | 50654 | 179 | 85 | 94 |
| 14 | 陕西省 | 47626 | 141 | 61 | 80 |
| 15 | 宁夏回族自治区 | 43805 | 31 | 16 | 15 |
| 16 | 湖南省 | 42754 | 178 | 86 | 92 |
| 17 | 青海省 | 41252 | 33 | 18 | 15 |
| 18 | 海南省 | 40818 | 37 | 16 | 21 |
| 19 | 河北省 | 40255 | 201 | 80 | 121 |
| 20 | 新疆维吾尔自治区 | 40036 | 117 | 62 | 55 |
| 21 | 黑龙江省 | 39462 | 189 | 68 | 121 |
| 22 | 河南省 | 39123 | 164 | 69 | 95 |
| 23 | 四川省 | 36775 | 193 | 86 | 107 |
| 24 | 江西省 | 36724 | 178 | 89 | 89 |
| 25 | 安徽省 | 35997 | 138 | 73 | 65 |
| 26 | 广西壮族自治区 | 35190 | 146 | 77 | 69 |
| 27 | 山西省 | 34919 | 167 | 76 | 91 |
| 28 | 西藏自治区 | 31999 | 3 | 1 | 2 |
| 29 | 贵州省 | 29847 | 92 | 50 | 42 |
| 30 | 云南省 | 28806 | 136 | 94 | 42 |
| 31 | 甘肃省 | 26165 | 76 | 28 | 48 |

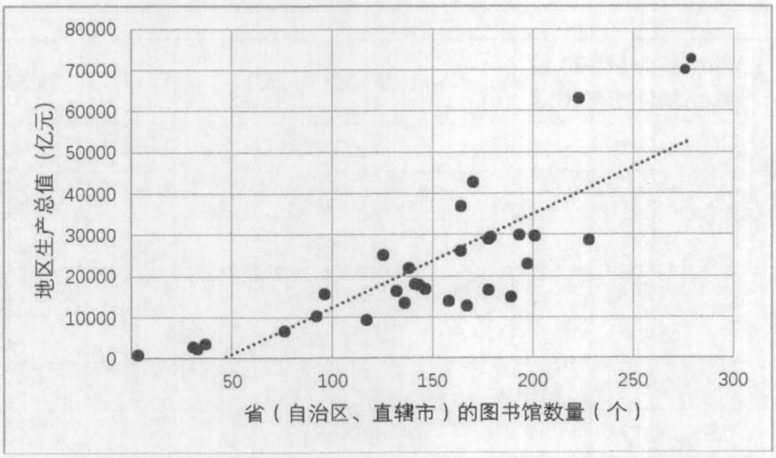


图 2-6　31 个省（自治区、直辖市）的图书馆数量和地区生产总值散点图

分析调研的 36 个直辖市、省会（首府）城市、计划单列市的数据发现，图书馆数量与地区生产总值呈显著相关，皮尔逊相关系数达到 0.766，二者中度相关，即地区生产总值高的城市，图书馆数量较多，见表 2-9、图 2-7。其他相关数据见表 2-10。

表 2-9　36 个直辖市、省会（首府）城市、计划单列市的地区生产总值和图书馆数量

| 序号 | 直辖市、省会（首府）城市、计划单列市名称 | 地区生产总值（亿元） | 图书馆数量（个） |
|---|---|---|---|
| 1 | 上海市 | 25123.45 | 125 |
| 2 | 北京市 | 23014.59 | 197 |
| 3 | 广州市 | 18100.41 | 96 |
| 4 | 深圳市 | 17502.86 | 22 |
| 5 | 天津市 | 16538.19 | 132 |
| 6 | 重庆市 | 15717.27 | 96 |
| 7 | 武汉市 | 10905.60 | 73 |
| 8 | 成都市 | 10801.16 | 62 |
| 9 | 杭州市 | 10050.21 | 52 |
| 10 | 南京市 | 9720.77 | 79 |

续表

| 序号 | 直辖市、省会（首府）城市、计划单列市名称 | 地区生产总值（亿元） | 图书馆数量（个） |
|---|---|---|---|
| 11 | 青岛市 | 9300.07 | 30 |
| 12 | 长沙市 | 8510.13 | 50 |
| 13 | 宁波市 | 8003.61 | 20 |
| 14 | 大连市 | 7731.64 | 39 |
| 15 | 郑州市 | 7311.52 | 57 |
| 16 | 沈阳市 | 7272.31 | 71 |
| 17 | 济南市 | 6100.23 | 46 |
| 18 | 西安市 | 5801.20 | 63 |
| 19 | 哈尔滨市 | 5751.21 | 77 |
| 20 | 合肥市 | 5660.27 | 36 |
| 21 | 福州市 | 5618.08 | 54 |
| 22 | 长春市 | 5530.03 | 65 |
| 23 | 石家庄市 | 5440.60 | 48 |
| 24 | 南昌市 | 4000.01 | 70 |
| 25 | 昆明市 | 3968.01 | 39 |
| 26 | 厦门市 | 3466.03 | 24 |
| 27 | 南宁市 | 3410.09 | 44 |
| 28 | 呼和浩特市 | 3090.52 | 39 |
| 29 | 贵阳市 | 2891.16 | 28 |
| 30 | 太原市 | 2735.34 | 63 |
| 31 | 乌鲁木齐市 | 2631.64 | 33 |
| 32 | 兰州市 | 2095.99 | 36 |
| 33 | 银川市 | 1493.86 | 16 |
| 34 | 海口市 | 1161.96 | 16 |
| 35 | 西宁市 | 1131.62 | 18 |
| 36 | 拉萨市 | 376.73 | 3 |

表 2-10　36 个直辖市、省会（首府）城市、计划单列市的人均地区生产总值和图书馆数量

| 序号 | 直辖市、省会（首府）城市、计划单列市名称 | 人均地区生产总值（元） | 图书馆数量（个） |
|---|---|---|---|
| 1 | 深圳市 | 157985 | 22 |
| 2 | 广州市 | 136188 | 96 |
| 3 | 南京市 | 118171 | 79 |
| 4 | 长沙市 | 115443 | 50 |
| 5 | 杭州市 | 112230 | 52 |
| 6 | 大连市 | 110682 | 39 |
| 7 | 天津市 | 107960 | 132 |
| 8 | 北京市 | 106497 | 197 |
| 9 | 武汉市 | 104132 | 73 |
| 10 | 上海市 | 103796 | 125 |
| 11 | 青岛市 | 102519 | 30 |
| 12 | 宁波市 | 102374 | 20 |
| 13 | 呼和浩特市 | 101492 | 39 |
| 14 | 厦门市 | 90397 | 24 |
| 15 | 沈阳市 | 87734 | 71 |
| 16 | 济南市 | 85919 | 46 |
| 17 | 郑州市 | 77179 | 57 |
| 18 | 南昌市 | 75879 | 70 |
| 19 | 福州市 | 75259 | 54 |
| 20 | 乌鲁木齐市 | 74340 | 33 |
| 21 | 成都市 | 74273 | 62 |
| 22 | 长春市 | 73324 | 65 |
| 23 | 合肥市 | 73102 | 36 |
| 24 | 银川市 | 69594 | 16 |

续表

| 序号 | 直辖市、省会（首府）城市、计划单列市名称 | 人均地区生产总值（元） | 图书馆数量（个） |
|---|---|---|---|
| 25 | 西安市 | 66938 | 63 |
| 26 | 太原市 | 63483 | 63 |
| 27 | 贵阳市 | 63003 | 28 |
| 28 | 昆明市 | 59656 | 39 |
| 29 | 拉萨市 | 59223 | 3 |
| 30 | 哈尔滨市 | 59027 | 77 |
| 31 | 兰州市 | 56972 | 36 |
| 32 | 海口市 | 52534 | 16 |
| 33 | 重庆市 | 52321 | 96 |
| 34 | 石家庄市 | 51043 | 48 |
| 35 | 西宁市 | 49197 | 18 |
| 36 | 南宁市 | 49066 | 44 |

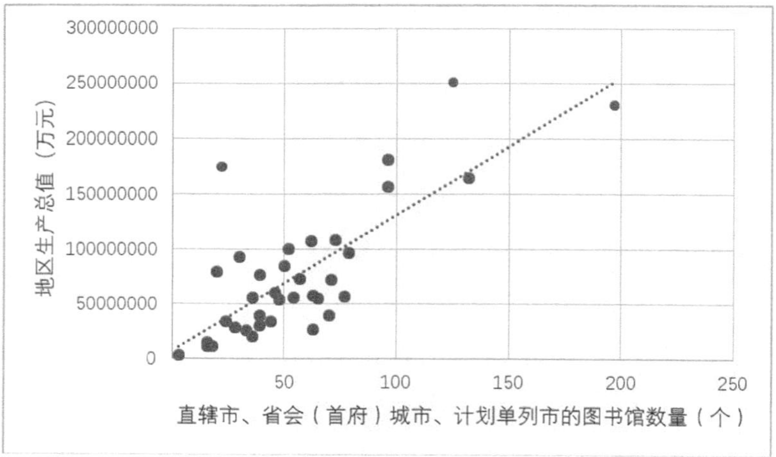


**图 2-7　36 个直辖市、省会（首府）城市、计划单列市的图书馆数量和地区生产总值散点图**

分析调研的 69 个大中城市的数据发现，图书馆数量与地区生产总值呈显著相关，斯皮尔曼相关系数达到 0.739，二者中度相关。即地区生产总值越高的城市，图书馆数量越多，见表 2-11、图 2-8。图书馆数量与人均地区生产总值呈显著相关，斯皮尔曼相关系数达到 0.506，二者中度相关，即人均地区生产总值高的城市，图书馆数量较多，见表 2-12、图 2-9。

**表 2-11　69 个大中城市的地区生产总值与图书馆数量**

| 序号 | 城市名称 | 地区生产总值（亿元） | 图书馆数量（个） |
|---|---|---|---|
| 1 | 上海市 | 25123.45 | 125 |
| 2 | 北京市 | 23014.59 | 197 |
| 3 | 广州市 | 18100.41 | 96 |
| 4 | 深圳市 | 17502.86 | 22 |
| 5 | 天津市 | 16538.19 | 132 |
| 6 | 重庆市 | 15717.27 | 96 |
| 7 | 武汉市 | 10905.60 | 73 |
| 8 | 成都市 | 10801.16 | 62 |
| 9 | 杭州市 | 10050.21 | 52 |
| 10 | 南京市 | 9720.77 | 79 |
| 11 | 青岛市 | 9300.07 | 30 |
| 12 | 无锡市 | 8518.26 | 17 |
| 13 | 长沙市 | 8510.13 | 50 |
| 14 | 宁波市 | 8003.61 | 20 |
| 15 | 大连市 | 7731.64 | 39 |
| 16 | 郑州市 | 7311.52 | 57 |
| 17 | 沈阳市 | 7272.31 | 71 |
| 18 | 烟台市 | 6446.08 | 22 |
| 19 | 泉州市 | 6137.71 | 17 |
| 20 | 唐山市 | 6103.06 | 15 |

续表

| 序号 | 城市名称 | 地区生产总值（亿元） | 图书馆数量（个） |
|---|---|---|---|
| 21 | 济南市 | 6100.23 | 46 |
| 22 | 西安市 | 5801.20 | 63 |
| 23 | 哈尔滨市 | 5751.21 | 77 |
| 24 | 合肥市 | 5660.27 | 36 |
| 25 | 福州市 | 5618.08 | 54 |
| 26 | 长春市 | 5530.03 | 65 |
| 27 | 石家庄市 | 5440.60 | 48 |
| 28 | 温州市 | 4618.08 | 22 |
| 29 | 扬州市 | 4016.84 | 23 |
| 30 | 济宁市 | 4013.12 | 14 |
| 31 | 南昌市 | 4000.01 | 70 |
| 32 | 昆明市 | 3968.01 | 39 |
| 33 | 包头市 | 3721.93 | 21 |
| 34 | 洛阳市 | 3469.03 | 10 |
| 35 | 厦门市 | 3466.03 | 24 |
| 36 | 南宁市 | 3410.09 | 44 |
| 37 | 金华市 | 3402.34 | 15 |
| 38 | 宜昌市 | 3384.80 | 14 |
| 39 | 襄阳市 | 3382.12 | 12 |
| 40 | 惠州市 | 3140.03 | 11 |
| 41 | 呼和浩特市 | 3090.52 | 39 |
| 42 | 贵阳市 | 2891.16 | 28 |
| 43 | 岳阳市 | 2886.28 | 10 |
| 44 | 太原市 | 2735.34 | 63 |

续表

| 序号 | 城市名称 | 地区生产总值（亿元） | 图书馆数量（个） |
|---|---|---|---|
| 45 | 常德市 | 2709.02 | 11 |
| 46 | 乌鲁木齐市 | 2631.64 | 33 |
| 47 | 吉林市 | 2394.19 | 21 |
| 48 | 湛江市 | 2380.02 | 14 |
| 49 | 遵义市 | 2168.34 | 13 |
| 50 | 兰州市 | 2095.99 | 36 |
| 51 | 赣州市 | 1973.87 | 25 |
| 52 | 桂林市 | 1942.97 | 24 |
| 53 | 九江市 | 1902.68 | 18 |
| 54 | 平顶山市 | 1705.78 | 7 |
| 55 | 南充市 | 1516.20 | 15 |
| 56 | 银川市 | 1493.86 | 16 |
| 57 | 安庆市 | 1417.43 | 11 |
| 58 | 泸州市 | 1353.41 | 9 |
| 59 | 锦州市 | 1327.33 | 14 |
| 60 | 牡丹江市 | 1310.70 | 17 |
| 61 | 蚌埠市 | 1253.06 | 7 |
| 62 | 秦皇岛市 | 1250.44 | 10 |
| 63 | 海口市 | 1161.96 | 16 |
| 64 | 韶关市 | 1149.98 | 10 |
| 65 | 西宁市 | 1131.62 | 18 |
| 66 | 丹东市 | 984.90 | 12 |
| 67 | 北海市 | 892.08 | 5 |
| 68 | 三亚市 | 435.82 | 1 |
| 69 | 拉萨市 | 376.73 | 3 |

表 2-12　69 个大中城市的人均地区生产总值和图书馆数量

| 序号 | 城市名称 | 人均地区生产总值（元） | 图书馆数量（个） |
|---|---|---|---|
| 1 | 深圳市 | 157985 | 22 |
| 2 | 广州市 | 136188 | 96 |
| 3 | 包头市 | 132253 | 21 |
| 4 | 无锡市 | 130938 | 17 |
| 5 | 南京市 | 118171 | 79 |
| 6 | 长沙市 | 115443 | 50 |
| 7 | 杭州市 | 112230 | 52 |
| 8 | 大连市 | 110682 | 39 |
| 9 | 天津市 | 107960 | 132 |
| 10 | 北京市 | 106497 | 197 |
| 11 | 武汉市 | 104132 | 73 |
| 12 | 上海市 | 103796 | 125 |
| 13 | 青岛市 | 102519 | 30 |
| 14 | 宁波市 | 102374 | 20 |
| 15 | 呼和浩特市 | 101492 | 39 |
| 16 | 烟台市 | 91979 | 22 |
| 17 | 厦门市 | 90397 | 24 |
| 18 | 扬州市 | 89647 | 23 |
| 19 | 沈阳市 | 87734 | 71 |
| 20 | 济南市 | 85919 | 46 |
| 21 | 宜昌市 | 82360 | 14 |
| 22 | 唐山市 | 78398 | 15 |
| 23 | 郑州市 | 77179 | 57 |
| 24 | 南昌市 | 75879 | 70 |
| 25 | 福州市 | 75259 | 54 |
| 26 | 乌鲁木齐市 | 74340 | 33 |
| 27 | 成都市 | 74273 | 62 |

续表

| 序号 | 城市名称 | 人均地区生产总值（元） | 图书馆数量（个） |
|---|---|---|---|
| 28 | 长春市 | 73324 | 65 |
| 29 | 合肥市 | 73102 | 36 |
| 30 | 泉州市 | 72421 | 17 |
| 31 | 银川市 | 69594 | 16 |
| 32 | 西安市 | 66938 | 63 |
| 33 | 惠州市 | 66231 | 11 |
| 34 | 太原市 | 63483 | 63 |
| 35 | 贵阳市 | 63003 | 28 |
| 36 | 金华市 | 62480 | 15 |
| 37 | 襄阳市 | 60319 | 12 |
| 38 | 昆明市 | 59656 | 39 |
| 39 | 拉萨市 | 59223 | 3 |
| 40 | 哈尔滨市 | 59027 | 77 |
| 41 | 三亚市 | 58486 | 1 |
| 42 | 兰州市 | 56972 | 36 |
| 43 | 吉林市 | 56076 | 21 |
| 44 | 北海市 | 55248 | 5 |
| 45 | 海口市 | 52534 | 16 |
| 46 | 重庆市 | 52321 | 96 |
| 47 | 洛阳市 | 51692 | 10 |
| 48 | 岳阳市 | 51429 | 10 |
| 49 | 石家庄市 | 51043 | 48 |
| 50 | 温州市 | 50790 | 22 |
| 51 | 西宁市 | 49197 | 18 |
| 52 | 南宁市 | 49066 | 44 |
| 53 | 济宁市 | 48529 | 14 |
| 54 | 牡丹江市 | 47356 | 17 |

续表

| 序号 | 城市名称 | 人均地区生产总值（元） | 图书馆数量（个） |
|---|---|---|---|
| 55 | 常德市 | 46408 | 11 |
| 56 | 锦州市 | 43207 | 14 |
| 57 | 丹东市 | 40850 | 12 |
| 58 | 秦皇岛市 | 40746 | 10 |
| 59 | 九江市 | 39505 | 18 |
| 60 | 韶关市 | 39380 | 10 |
| 61 | 桂林市 | 39329 | 24 |
| 62 | 蚌埠市 | 38267 | 7 |
| 63 | 遵义市 | 35123 | 13 |
| 64 | 平顶山市 | 33984 | 7 |
| 65 | 湛江市 | 32933 | 14 |
| 66 | 泸州市 | 31714 | 9 |
| 67 | 安庆市 | 31101 | 11 |
| 68 | 南充市 | 23881 | 15 |
| 69 | 赣州市 | 23148 | 25 |

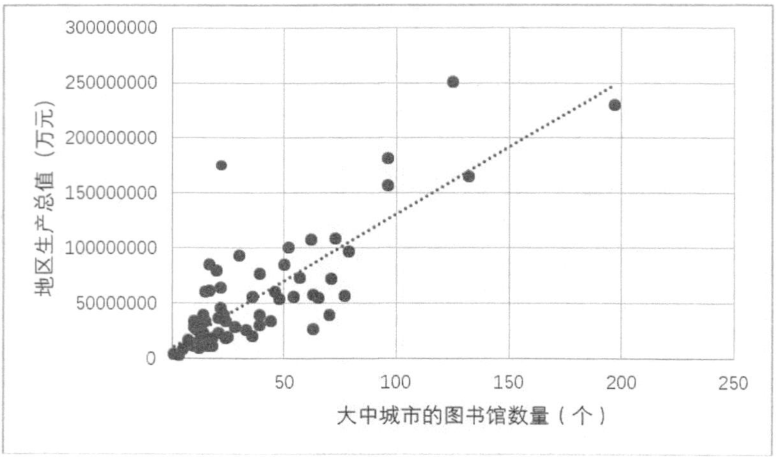


图 2-8　69 个大中城市的图书馆数量和地区生产总值散点图

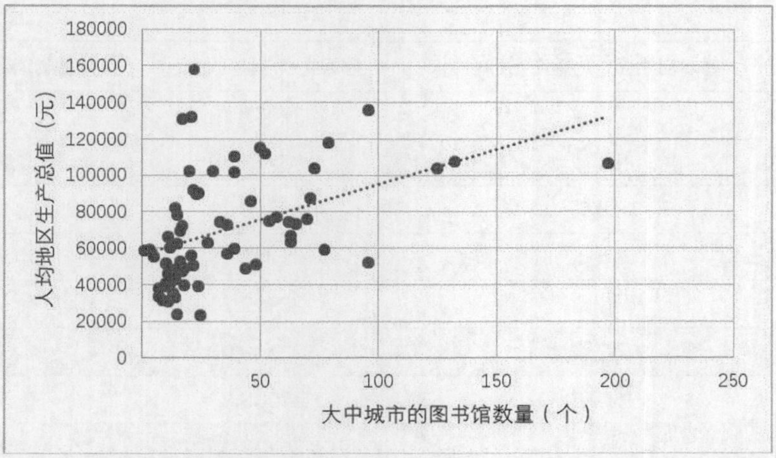


图 2-9　69 个大中城市的图书馆数量和人均地区生产总值散点图

综合以上省（自治区、直辖市）和城市两级数据的分析结果可见，图书馆数量与地区生产总值有关，地区生产总值较高的省（自治区、直辖市）和城市，图书馆建设得较多。

### 2.1.3　博物馆数量与经济发展的关系

分析调研的 31 个省（自治区、直辖市）的数据发现，博物馆数量与地区生产总值呈显著相关，斯皮尔曼相关系数达到 0.726，二者高度相关，即生产总值越高的地区，博物馆数量越多，见表 2-13、图 2-10。其他相关数据见表 2-14。

表 2-13　31 个省（自治区、直辖市）的地区生产总值和博物馆数量

| 序号 | 省、自治区、直辖市名称 | 地区生产总值（亿元） | 博物馆数量（个） |
|---|---|---|---|
| 1 | 广东省 | 72812.55 | 263 |
| 2 | 江苏省 | 70116.38 | 276 |
| 3 | 山东省 | 63002.33 | 349 |
| 4 | 浙江省 | 42886.49 | 289 |

续表

| 序号 | 省、自治区、直辖市名称 | 地区生产总值（亿元） | 博物馆数量（个） |
|---|---|---|---|
| 5 | 河南省 | 37002.16 | 270 |
| 6 | 四川省 | 30053.10 | 222 |
| 7 | 河北省 | 29806.11 | 96 |
| 8 | 湖北省 | 29550.19 | 205 |
| 9 | 湖南省 | 28902.21 | 134 |
| 10 | 辽宁省 | 28669.02 | 100 |
| 11 | 福建省 | 25989.82 | 117 |
| 12 | 上海市 | 25123.45 | 113 |
| 13 | 北京市 | 23014.59 | 138 |
| 14 | 安徽省 | 22005.63 | 189 |
| 15 | 陕西省 | 18021.86 | 240 |
| 16 | 内蒙古自治区 | 17831.51 | 199 |
| 17 | 广西壮族自治区 | 16803.12 | 101 |
| 18 | 江西省 | 16723.78 | 141 |
| 19 | 天津市 | 16538.19 | 58 |
| 20 | 重庆市 | 15717.27 | 64 |
| 21 | 黑龙江省 | 15083.67 | 195 |
| 22 | 吉林省 | 14063.13 | 108 |
| 23 | 云南省 | 13619.17 | 105 |
| 24 | 山西省 | 12766.49 | 126 |
| 25 | 贵州省 | 10502.56 | 83 |
| 26 | 新疆维吾尔自治区 | 9324.80 | 105 |
| 27 | 甘肃省 | 6790.32 | 189 |
| 28 | 海南省 | 3702.76 | 24 |
| 29 | 宁夏回族自治区 | 2911.77 | 39 |
| 30 | 青海省 | 2417.05 | 32 |
| 31 | 西藏自治区 | 1026.39 | 8 |

表 2-14　31 个省（自治区、直辖市）的人均地区生产总值和博物馆数量

| 序号 | 省、自治区、直辖市名称 | 人均地区生产总值（元） | 博物馆数量（个） |
|---|---|---|---|
| 1 | 天津市 | 107960 | 58 |
| 2 | 北京市 | 106497 | 138 |
| 3 | 上海市 | 103796 | 113 |
| 4 | 江苏省 | 87995 | 276 |
| 5 | 浙江省 | 77644 | 289 |
| 6 | 内蒙古自治区 | 71101 | 199 |
| 7 | 福建省 | 67966 | 117 |
| 8 | 广东省 | 67503 | 263 |
| 9 | 辽宁省 | 65354 | 100 |
| 10 | 山东省 | 64168 | 349 |
| 11 | 重庆市 | 52321 | 64 |
| 12 | 吉林省 | 51086 | 108 |
| 13 | 湖北省 | 50654 | 205 |
| 14 | 陕西省 | 47626 | 240 |
| 15 | 宁夏回族自治区 | 43805 | 39 |
| 16 | 湖南省 | 42754 | 134 |
| 17 | 青海省 | 41252 | 32 |
| 18 | 海南省 | 40818 | 24 |
| 19 | 河北省 | 40255 | 96 |
| 20 | 新疆维吾尔自治区 | 40036 | 105 |
| 21 | 黑龙江省 | 39462 | 195 |
| 22 | 河南省 | 39123 | 270 |
| 23 | 四川省 | 36775 | 222 |
| 24 | 江西省 | 36724 | 141 |
| 25 | 安徽省 | 35997 | 189 |
| 26 | 广西壮族自治区 | 35190 | 101 |
| 27 | 山西省 | 34919 | 126 |

续表

| 序号 | 省、自治区、直辖市名称 | 人均地区生产总值（元） | 博物馆数量（个） |
|---|---|---|---|
| 28 | 西藏自治区 | 31999 | 8 |
| 29 | 贵州省 | 29847 | 83 |
| 30 | 云南省 | 28806 | 105 |
| 31 | 甘肃省 | 26165 | 189 |

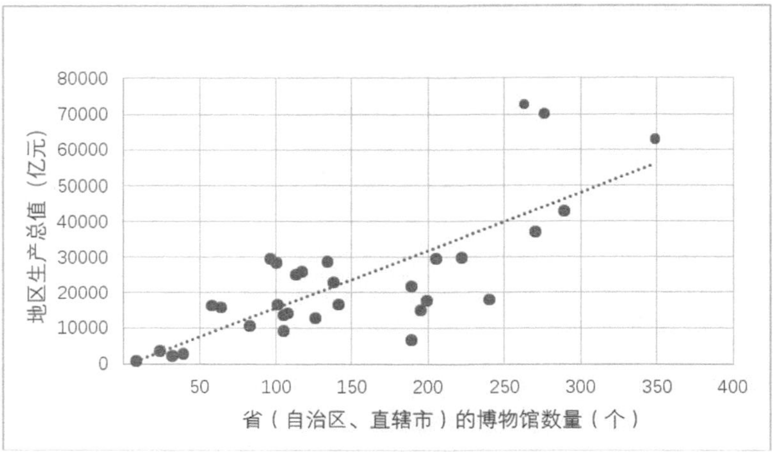


**图 2-10　31 个省（自治区、直辖市）的博物馆数量和地区生产总值散点图**

分析调研的 36 个直辖市、省会（首府）城市、计划单列市的数据发现，博物馆数量与地区生产总值呈显著相关，皮尔逊相关系数达到 0.784，二者中度相关，即地区生产总值越高的城市，博物馆数量越多，见表 2-15、图 2-11。其他相关数据见表 2-16。

**表 2-15　36 个直辖市、省会（首府）城市、计划单列市的地区生产总值和博物馆数量**

| 序号 | 直辖市、省会（首府）城市、计划单列市名称 | 地区生产总值（亿元） | 博物馆数量（个） |
|---|---|---|---|
| 1 | 上海市 | 25123.45 | 113 |
| 2 | 北京市 | 23014.59 | 138 |
| 3 | 广州市 | 18100.41 | 47 |

续表

| 序号 | 直辖市、省会（首府）城市、计划单列市名称 | 地区生产总值（亿元） | 博物馆数量（个） |
|---|---|---|---|
| 4 | 深圳市 | 17502.86 | 41 |
| 5 | 天津市 | 16538.19 | 58 |
| 6 | 重庆市 | 15717.27 | 64 |
| 7 | 武汉市 | 10905.60 | 77 |
| 8 | 成都市 | 10801.16 | 87 |
| 9 | 杭州市 | 10050.21 | 53 |
| 10 | 南京市 | 9720.77 | 43 |
| 11 | 青岛市 | 9300.07 | 60 |
| 12 | 长沙市 | 8510.13 | 25 |
| 13 | 宁波市 | 8003.61 | 66 |
| 14 | 大连市 | 7731.64 | 26 |
| 15 | 郑州市 | 7311.52 | 30 |
| 16 | 沈阳市 | 7272.31 | 17 |
| 17 | 济南市 | 6100.23 | 29 |
| 18 | 西安市 | 5801.20 | 81 |
| 19 | 哈尔滨市 | 5751.21 | 72 |
| 20 | 合肥市 | 5660.27 | 23 |
| 21 | 福州市 | 5618.08 | 25 |
| 22 | 长春市 | 5530.03 | 28 |
| 23 | 石家庄市 | 5440.60 | 15 |
| 24 | 南昌市 | 4000.01 | 19 |
| 25 | 昆明市 | 3968.01 | 24 |
| 26 | 厦门市 | 3466.03 | 9 |
| 27 | 南宁市 | 3410.09 | 10 |
| 28 | 呼和浩特市 | 3090.52 | 38 |

续表

| 序号 | 直辖市、省会（首府）城市、计划单列市名称 | 地区生产总值（亿元） | 博物馆数量（个） |
|---|---|---|---|
| 29 | 贵阳市 | 2891.16 | 12 |
| 30 | 太原市 | 2735.34 | 12 |
| 31 | 乌鲁木齐市 | 2631.64 | 7 |
| 32 | 兰州市 | 2095.99 | 23 |
| 33 | 银川市 | 1493.84 | 17 |
| 34 | 海口市 | 1161.96 | 6 |
| 35 | 西宁市 | 1131.62 | 13 |
| 36 | 拉萨市 | 376.73 | 4 |

**表 2-16　36 个直辖市、省会（首府）城市、计划单列市的人均地区生产总值和博物馆数量**

| 序号 | 直辖市、省会（首府）城市、计划单列市名称 | 人均地区生产总值（元） | 博物馆数量（个） |
|---|---|---|---|
| 1 | 深圳市 | 157985 | 41 |
| 2 | 广州市 | 136188 | 47 |
| 3 | 南京市 | 118171 | 43 |
| 4 | 长沙市 | 115443 | 25 |
| 5 | 杭州市 | 112230 | 53 |
| 6 | 大连市 | 110682 | 26 |
| 7 | 天津市 | 107960 | 58 |
| 8 | 北京市 | 106497 | 138 |
| 9 | 武汉市 | 104132 | 77 |
| 10 | 上海市 | 103796 | 113 |
| 11 | 青岛市 | 102519 | 60 |
| 12 | 宁波市 | 102374 | 66 |
| 13 | 呼和浩特市 | 101492 | 38 |

续表

| 序号 | 直辖市、省会（首府）城市、计划单列市名称 | 人均地区生产总值（元） | 博物馆数量（个） |
|---|---|---|---|
| 14 | 厦门市 | 90397 | 9 |
| 15 | 沈阳市 | 87734 | 17 |
| 16 | 济南市 | 85919 | 29 |
| 17 | 郑州市 | 77179 | 30 |
| 18 | 南昌市 | 75879 | 19 |
| 19 | 福州市 | 75259 | 25 |
| 20 | 乌鲁木齐市 | 74340 | 7 |
| 21 | 成都市 | 74273 | 87 |
| 22 | 长春市 | 73324 | 28 |
| 23 | 合肥市 | 73102 | 23 |
| 24 | 银川市 | 69594 | 17 |
| 25 | 西安市 | 66938 | 81 |
| 26 | 太原市 | 63483 | 12 |
| 27 | 贵阳市 | 63003 | 12 |
| 28 | 昆明市 | 59656 | 24 |
| 29 | 拉萨市 | 59223 | 4 |
| 30 | 哈尔滨市 | 59027 | 72 |
| 31 | 兰州市 | 56972 | 23 |
| 32 | 海口市 | 52534 | 6 |
| 33 | 重庆市 | 52321 | 64 |
| 34 | 石家庄市 | 51043 | 15 |
| 35 | 西宁市 | 49197 | 13 |
| 36 | 南宁市 | 49066 | 10 |

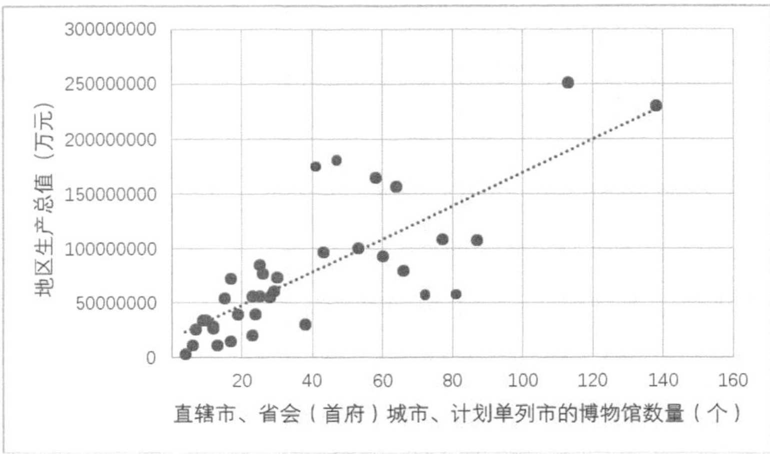


图 2-11　36 个直辖市、省会（首府）城市、计划单列市的博物馆数量和地区生产总值散点图

分析调研的 69 个大中城市的数据发现，博物馆数量与地区生产总值呈显著相关，斯皮尔曼相关系数达到 0.815，二者高度相关，即地区生产总值越高的城市，博物馆数量越多，见表 2-17、图 2-12，其他相关数据见表 2-18。

表 2-17　69 个大中城市的地区生产总值和博物馆数量

| 序号 | 城市名称 | 地区生产总值（亿元） | 博物馆数量（个） |
|---|---|---|---|
| 1 | 上海市 | 25123.45 | 113 |
| 2 | 北京市 | 23014.59 | 138 |
| 3 | 广州市 | 18100.41 | 47 |
| 4 | 深圳市 | 17502.86 | 41 |
| 5 | 天津市 | 16538.19 | 58 |
| 6 | 重庆市 | 15717.27 | 64 |
| 7 | 武汉市 | 10905.60 | 77 |
| 8 | 成都市 | 10801.16 | 87 |
| 9 | 杭州市 | 10050.21 | 53 |
| 10 | 南京市 | 9720.77 | 43 |

续表

| 序号 | 城市名称 | 地区生产总值（亿元） | 博物馆数量（个） |
| --- | --- | --- | --- |
| 11 | 青岛市 | 9300.07 | 60 |
| 12 | 无锡市 | 8518.26 | 57 |
| 13 | 长沙市 | 8510.13 | 25 |
| 14 | 宁波市 | 8003.61 | 66 |
| 15 | 大连市 | 7731.64 | 26 |
| 16 | 郑州市 | 7311.52 | 30 |
| 17 | 沈阳市 | 7272.31 | 17 |
| 18 | 烟台市 | 6446.08 | 28 |
| 19 | 泉州市 | 6137.71 | 15 |
| 20 | 唐山市 | 6103.06 | 18 |
| 21 | 济南市 | 6100.23 | 29 |
| 22 | 西安市 | 5801.20 | 81 |
| 23 | 哈尔滨市 | 5751.21 | 72 |
| 24 | 合肥市 | 5660.27 | 23 |
| 25 | 福州市 | 5618.08 | 25 |
| 26 | 长春市 | 5530.03 | 28 |
| 27 | 石家庄市 | 5440.60 | 15 |
| 28 | 温州市 | 4618.08 | 29 |
| 29 | 扬州市 | 4016.84 | 15 |
| 30 | 济宁市 | 4013.12 | 28 |
| 31 | 南昌市 | 4000.01 | 19 |
| 32 | 昆明市 | 3968.01 | 24 |
| 33 | 包头市 | 3721.93 | 8 |
| 34 | 洛阳市 | 3469.03 | 48 |
| 35 | 厦门市 | 3466.03 | 9 |
| 36 | 南宁市 | 3410.09 | 10 |

续表

| 序号 | 城市名称 | 地区生产总值（亿元） | 博物馆数量（个） |
|---|---|---|---|
| 37 | 金华市 | 3402.34 | 25 |
| 38 | 宜昌市 | 3384.80 | 18 |
| 39 | 襄阳市 | 3382.12 | 8 |
| 40 | 惠州市 | 3140.03 | 10 |
| 41 | 呼和浩特市 | 3090.52 | 38 |
| 42 | 贵阳市 | 2891.16 | 12 |
| 43 | 岳阳市 | 2886.28 | 12 |
| 44 | 太原市 | 2735.34 | 12 |
| 45 | 常德市 | 2709.02 | 11 |
| 46 | 乌鲁木齐市 | 2631.64 | 7 |
| 47 | 吉林市 | 2394.19 | 16 |
| 48 | 湛江市 | 2380.02 | 6 |
| 49 | 遵义市 | 2168.34 | 16 |
| 50 | 兰州市 | 2095.99 | 23 |
| 51 | 赣州市 | 1973.87 | 19 |
| 52 | 桂林市 | 1942.97 | 20 |
| 53 | 九江市 | 1902.68 | 18 |
| 54 | 平顶山市 | 1705.78 | 13 |
| 55 | 南充市 | 1516.20 | 7 |
| 56 | 银川市 | 1493.86 | 17 |
| 57 | 安庆市 | 1417.43 | 16 |
| 58 | 泸州市 | 1353.41 | 7 |
| 59 | 锦州市 | 1327.33 | 6 |
| 60 | 牡丹江市 | 1310.70 | 20 |

续表

| 序号 | 城市名称 | 地区生产总值（亿元） | 博物馆数量（个） |
|---|---|---|---|
| 61 | 蚌埠市 | 1253.06 | 5 |
| 62 | 秦皇岛市 | 1250.44 | 3 |
| 63 | 海口市 | 1161.96 | 6 |
| 64 | 韶关市 | 1149.98 | 9 |
| 65 | 西宁市 | 1131.62 | 13 |
| 66 | 丹东市 | 984.90 | 4 |
| 67 | 北海市 | 892.08 | 1 |
| 68 | 三亚市 | 435.82 | 6 |
| 69 | 拉萨市 | 376.73 | 4 |

**表 2-18　69 个大中城市的人均地区生产总值和博物馆数量**

| 序号 | 城市名称 | 人均地区生产总值（元） | 博物馆数量（个） |
|---|---|---|---|
| 1 | 深圳市 | 157985 | 41 |
| 2 | 广州市 | 136188 | 47 |
| 3 | 包头市 | 132253 | 8 |
| 4 | 无锡市 | 130938 | 57 |
| 5 | 南京市 | 118171 | 43 |
| 6 | 长沙市 | 115443 | 25 |
| 7 | 杭州市 | 112230 | 53 |
| 8 | 大连市 | 110682 | 26 |
| 9 | 天津市 | 107960 | 58 |
| 10 | 北京市 | 106497 | 138 |
| 11 | 武汉市 | 104132 | 77 |
| 12 | 上海市 | 103796 | 113 |
| 13 | 青岛市 | 102519 | 60 |

续表

| 序号 | 城市名称 | 人均地区生产总值（元） | 博物馆数量（个） |
|---|---|---|---|
| 14 | 宁波市 | 102374 | 66 |
| 15 | 呼和浩特市 | 101492 | 38 |
| 16 | 烟台市 | 91979 | 28 |
| 17 | 厦门市 | 90397 | 9 |
| 18 | 扬州市 | 89647 | 15 |
| 19 | 沈阳市 | 87734 | 17 |
| 20 | 济南市 | 85919 | 29 |
| 21 | 宜昌市 | 82360 | 18 |
| 22 | 唐山市 | 78398 | 18 |
| 23 | 郑州市 | 77179 | 30 |
| 24 | 南昌市 | 75879 | 19 |
| 25 | 福州市 | 75259 | 25 |
| 26 | 乌鲁木齐市 | 74340 | 7 |
| 27 | 成都市 | 74273 | 87 |
| 28 | 长春市 | 73324 | 28 |
| 29 | 合肥市 | 73102 | 23 |
| 30 | 泉州市 | 72421 | 15 |
| 31 | 银川市 | 69594 | 17 |
| 32 | 西安市 | 66938 | 81 |
| 33 | 惠州市 | 66231 | 10 |
| 34 | 太原市 | 63483 | 12 |
| 35 | 贵阳市 | 63003 | 12 |
| 36 | 金华市 | 62480 | 25 |
| 37 | 襄阳市 | 60319 | 8 |
| 38 | 昆明市 | 59656 | 24 |

续表

| 序号 | 城市名称 | 人均地区生产总值（元） | 博物馆数量（个） |
|---|---|---|---|
| 39 | 拉萨市 | 59223 | 4 |
| 40 | 哈尔滨市 | 59027 | 72 |
| 41 | 三亚市 | 58486 | 6 |
| 42 | 兰州市 | 56972 | 23 |
| 43 | 吉林市 | 56076 | 16 |
| 44 | 北海市 | 55248 | 1 |
| 45 | 海口市 | 52534 | 6 |
| 46 | 重庆市 | 52321 | 64 |
| 47 | 洛阳市 | 51692 | 48 |
| 48 | 岳阳市 | 51429 | 12 |
| 49 | 石家庄市 | 51043 | 15 |
| 50 | 温州市 | 50790 | 29 |
| 51 | 西宁市 | 49197 | 13 |
| 52 | 南宁市 | 49066 | 10 |
| 53 | 济宁市 | 48529 | 28 |
| 54 | 牡丹江市 | 47356 | 20 |
| 55 | 常德市 | 46408 | 11 |
| 56 | 锦州市 | 43207 | 6 |
| 57 | 丹东市 | 40850 | 4 |
| 58 | 秦皇岛市 | 40746 | 3 |
| 59 | 九江市 | 39505 | 18 |
| 60 | 韶关市 | 39380 | 9 |
| 61 | 桂林市 | 39329 | 20 |
| 62 | 蚌埠市 | 38267 | 5 |
| 63 | 遵义市 | 35123 | 16 |

续表

| 序号 | 城市名称 | 人均地区生产总值（元） | 博物馆数量（个） |
|---|---|---|---|
| 64 | 平顶山市 | 33984 | 13 |
| 65 | 湛江市 | 32933 | 6 |
| 66 | 泸州市 | 31714 | 7 |
| 67 | 安庆市 | 31101 | 16 |
| 68 | 南充市 | 23881 | 7 |
| 69 | 赣州市 | 23148 | 19 |

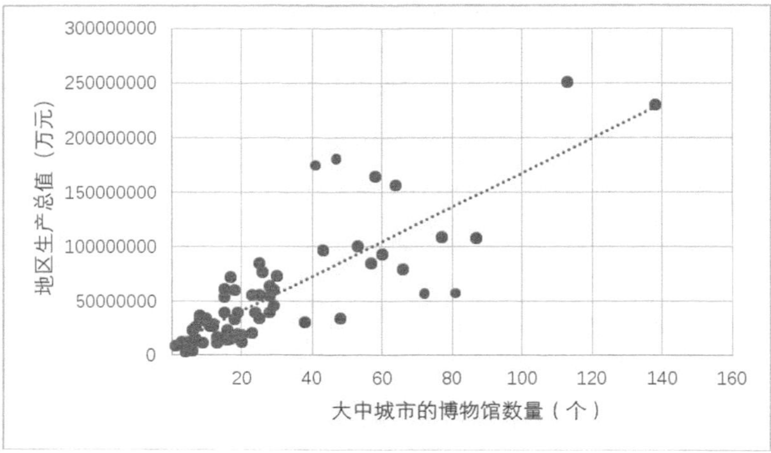


图 2-12　69 个大中城市的博物馆数量和地区生产总值散点图

## 2.1.4 科技馆数量与经济发展的关系

分析调研的 31 个省（自治区、直辖市）的数据发现，科技馆数量与地区生产总值呈显著相关，斯皮尔曼相关系数达到 0.668，二者中度相关。即生产总值高的地区，科技馆数量较多，见表 2-19、图 2-13。科技馆数量与人均地区生产总值呈显著相关，斯皮尔曼相关系数达到 0.435，二者中度相关。即人均地区生产总值高的省份，科技馆数量较多，见表 2-20、图 2-14。

表 2-19 31 个省（自治区、直辖市）的地区生产总值和科技馆数量

| 序号 | 省、自治区、直辖市名称 | 地区生产总值（亿元） | 科技馆数量（个） |
|---|---|---|---|
| 1 | 广东省 | 72812.55 | 29 |
| 2 | 江苏省 | 70116.38 | 26 |
| 3 | 山东省 | 63002.33 | 13 |
| 4 | 浙江省 | 42886.49 | 22 |
| 5 | 河南省 | 37002.16 | 10 |
| 6 | 四川省 | 30053.10 | 7 |
| 7 | 河北省 | 29806.11 | 9 |
| 8 | 湖北省 | 29550.19 | 67 |
| 9 | 湖南省 | 28902.21 | 5 |
| 10 | 辽宁省 | 28669.02 | 15 |
| 11 | 福建省 | 25989.82 | 13 |
| 12 | 上海市 | 25123.45 | 6 |
| 13 | 北京市 | 23014.59 | 9 |
| 14 | 安徽省 | 22005.63 | 11 |
| 15 | 陕西省 | 18021.86 | 7 |
| 16 | 内蒙古自治区 | 17831.51 | 17 |
| 17 | 广西壮族自治区 | 16803.12 | 3 |
| 18 | 江西省 | 16723.78 | 8 |
| 19 | 天津市 | 16538.19 | 3 |
| 20 | 重庆市 | 15717.27 | 2 |
| 21 | 黑龙江省 | 15083.67 | 11 |
| 22 | 吉林省 | 14063.13 | 35 |
| 23 | 云南省 | 13619.17 | 7 |
| 24 | 山西省 | 12766.49 | 3 |
| 25 | 贵州省 | 10502.56 | 2 |

续表

| 序号 | 省、自治区、直辖市名称 | 地区生产总值（亿元） | 科技馆数量（个） |
|---|---|---|---|
| 26 | 新疆维吾尔自治区 | 9324.80 | 13 |
| 27 | 甘肃省 | 6790.32 | 3 |
| 28 | 海南省 | 3702.76 | 1 |
| 29 | 宁夏回族自治区 | 2911.77 | 2 |
| 30 | 青海省 | 2417.05 | 1 |
| 31 | 西藏自治区 | 1026.39 | 1 |

**表 2-20　31 个省（自治区、直辖市）的人均地区生产总值和科技馆数量**

| 序号 | 省、自治区、直辖市名称 | 人均地区生产总值（元） | 科技馆数量（个） |
|---|---|---|---|
| 1 | 天津市 | 107960 | 3 |
| 2 | 北京市 | 106497 | 9 |
| 3 | 上海市 | 103796 | 6 |
| 4 | 江苏省 | 87995 | 26 |
| 5 | 浙江省 | 77644 | 22 |
| 6 | 内蒙古自治区 | 71101 | 17 |
| 7 | 福建省 | 67966 | 13 |
| 8 | 广东省 | 67503 | 29 |
| 9 | 辽宁省 | 65354 | 15 |
| 10 | 山东省 | 64168 | 13 |
| 11 | 重庆市 | 52321 | 2 |
| 12 | 吉林省 | 51086 | 35 |
| 13 | 湖北省 | 50654 | 67 |
| 14 | 陕西省 | 47626 | 7 |
| 15 | 宁夏回族自治区 | 43805 | 2 |
| 16 | 湖南省 | 42754 | 5 |

续表

| 序号 | 省、自治区、直辖市名称 | 人均地区生产总值（元） | 科技馆数量（个） |
|---|---|---|---|
| 17 | 青海省 | 41252 | 1 |
| 18 | 海南省 | 40818 | 1 |
| 19 | 河北省 | 40255 | 9 |
| 20 | 新疆维吾尔自治区 | 40036 | 13 |
| 21 | 黑龙江省 | 39462 | 11 |
| 22 | 河南省 | 39123 | 10 |
| 23 | 四川省 | 36775 | 7 |
| 24 | 江西省 | 36724 | 8 |
| 25 | 安徽省 | 35997 | 11 |
| 26 | 广西壮族自治区 | 35190 | 3 |
| 27 | 山西省 | 34919 | 3 |
| 28 | 西藏自治区 | 31999 | 1 |
| 29 | 贵州省 | 29847 | 2 |
| 30 | 云南省 | 28806 | 7 |
| 31 | 甘肃省 | 26165 | 3 |

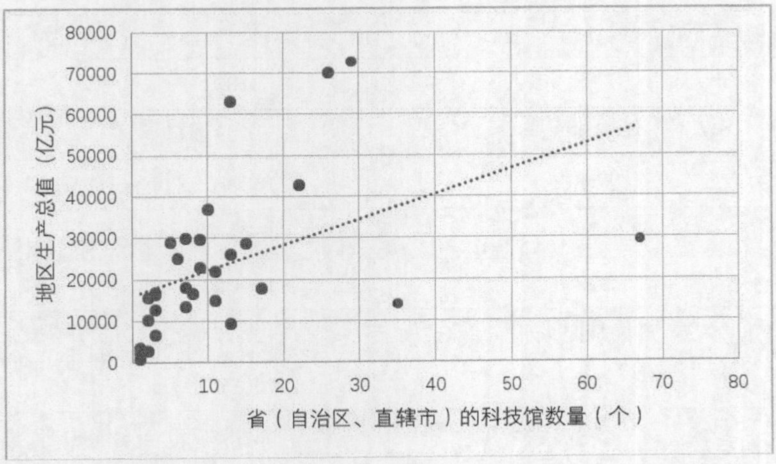


**图 2-13　31 个省（自治区、直辖市）的科技馆数量和地区生产总值散点图**

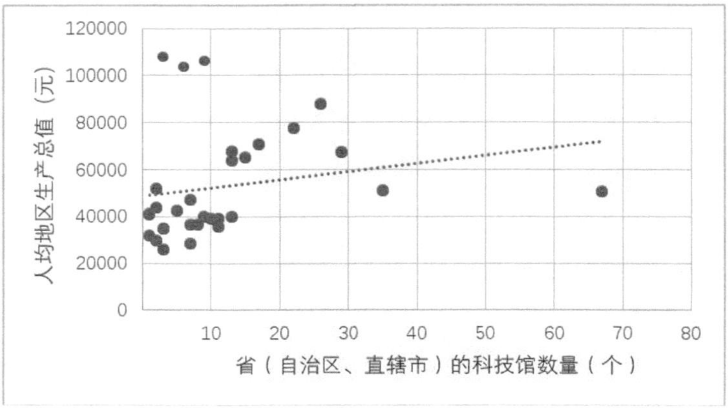


**图 2-14　31 个省（自治区、直辖市）的科技馆数量和人均地区生产总值散点图**

分析调研的 36 个直辖市、省会（省府）城市、计划单列市的数据发现，科技馆数量与地区生产总值呈显著相关，皮尔逊相关系数达到 0.690，二者中度相关，即地区生产总值高的城市，科技馆数量较多，见表 2-21、图 2-15。其他相关数据见表 2-22。

**表 2-21　36 个直辖市、省会（省府）城市、计划单列市的地区生产总值和科技馆数量**

| 序号 | 直辖市、省会（首府）城市、计划单列市名称 | 地区生产总值（亿元） | 科技馆数量（个） |
|---|---|---|---|
| 1 | 上海市 | 25123.45 | 6 |
| 2 | 北京市 | 23014.59 | 9 |
| 3 | 广州市 | 18100.41 | 4 |
| 4 | 深圳市 | 17502.86 | 2 |
| 5 | 天津市 | 16538.19 | 3 |
| 6 | 重庆市 | 15717.27 | 2 |
| 7 | 武汉市 | 10905.60 | 5 |
| 8 | 成都市 | 10801.16 | 1 |
| 9 | 杭州市 | 10050.21 | 4 |
| 10 | 南京市 | 9720.77 | 2 |
| 11 | 青岛市 | 9300.07 | 2 |

续表

| 序号 | 直辖市、省会（首府）城市、计划单列市名称 | 地区生产总值（亿元） | 科技馆数量（个） |
|---|---|---|---|
| 12 | 长沙市 | 8510.13 | 3 |
| 13 | 宁波市 | 8003.61 | 4 |
| 14 | 大连市 | 7731.64 | 1 |
| 15 | 郑州市 | 7311.52 | 3 |
| 16 | 沈阳市 | 7272.31 | 2 |
| 17 | 济南市 | 6100.23 | 1 |
| 18 | 西安市 | 5801.20 | 4 |
| 19 | 哈尔滨市 | 5751.21 | 2 |
| 20 | 合肥市 | 5660.27 | 3 |
| 21 | 福州市 | 5618.08 | 2 |
| 22 | 长春市 | 5530.03 | 4 |
| 23 | 石家庄市 | 5440.60 | 3 |
| 24 | 南昌市 | 4000.01 | 1 |
| 25 | 昆明市 | 3968.01 | 3 |
| 26 | 厦门市 | 3466.03 | 1 |
| 27 | 南宁市 | 3410.09 | 1 |
| 28 | 呼和浩特市 | 3090.52 | 2 |
| 29 | 贵阳市 | 2891.16 | 1 |
| 30 | 太原市 | 2735.34 | 2 |
| 31 | 乌鲁木齐市 | 2631.64 | 2 |
| 32 | 兰州市 | 2095.99 | 0 |
| 33 | 银川市 | 1493.86 | 1 |
| 34 | 海口市 | 1161.96 | 1 |
| 35 | 西宁市 | 1131.62 | 1 |
| 36 | 拉萨市 | 376.73 | 1 |

表 2-22　36 个直辖市、省会（首府）城市、计划单列市的人均地区生产总值和科技馆数量

| 序号 | 直辖市、省会（首府）城市、计划单列市名称 | 人均地区生产总值（元） | 科技馆数量（个） |
| --- | --- | --- | --- |
| 1 | 深圳市 | 157985 | 2 |
| 2 | 广州市 | 136188 | 4 |
| 3 | 南京市 | 118171 | 2 |
| 4 | 长沙市 | 115443 | 3 |
| 5 | 杭州市 | 112230 | 4 |
| 6 | 大连市 | 110682 | 1 |
| 7 | 天津市 | 107960 | 3 |
| 8 | 北京市 | 106497 | 9 |
| 9 | 武汉市 | 104132 | 5 |
| 10 | 上海市 | 103796 | 6 |
| 11 | 青岛市 | 102519 | 2 |
| 12 | 宁波市 | 102374 | 4 |
| 13 | 呼和浩特市 | 101492 | 2 |
| 14 | 厦门市 | 90397 | 1 |
| 15 | 沈阳市 | 87734 | 2 |
| 16 | 济南市 | 85919 | 1 |
| 17 | 郑州市 | 77179 | 3 |
| 18 | 南昌市 | 75879 | 1 |
| 19 | 福州市 | 75259 | 2 |
| 20 | 乌鲁木齐市 | 74340 | 2 |
| 21 | 成都市 | 74273 | 1 |
| 22 | 长春市 | 73324 | 4 |
| 23 | 合肥市 | 73102 | 3 |
| 24 | 银川市 | 69594 | 1 |

续表

| 序号 | 直辖市、省会（首府）城市、计划单列市名称 | 人均地区生产总值（元） | 科技馆数量（个） |
|---|---|---|---|
| 25 | 西安市 | 66938 | 4 |
| 26 | 太原市 | 63483 | 2 |
| 27 | 贵阳市 | 63003 | 1 |
| 28 | 昆明市 | 59656 | 3 |
| 29 | 拉萨市 | 59223 | 1 |
| 30 | 哈尔滨市 | 59027 | 2 |
| 31 | 兰州市 | 56972 | 0 |
| 32 | 海口市 | 52534 | 1 |
| 33 | 重庆市 | 52321 | 2 |
| 34 | 石家庄市 | 51043 | 3 |
| 35 | 西宁市 | 49197 | 1 |
| 36 | 南宁市 | 49066 | 1 |

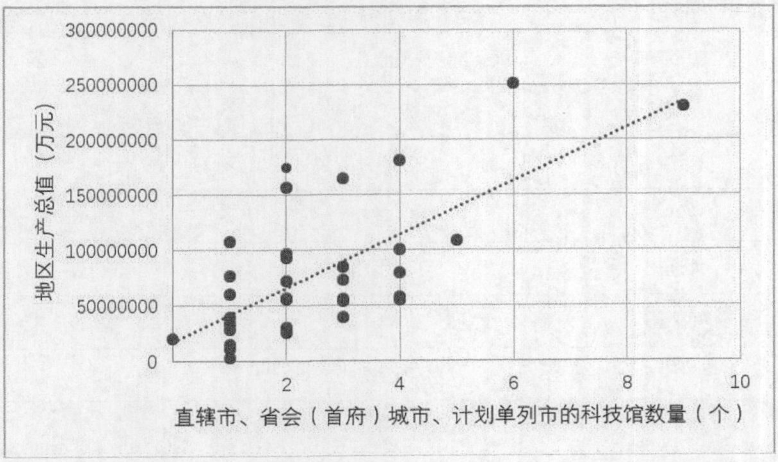


**图 2-15 36 个直辖市、省会（首府）城市、计划单列市的科技馆数量和地区生产总值散点图**

分析调研的 69 个大中城市的数据发现，科技馆数量与地区生产总值呈显著相关，斯皮尔曼相关系数达到 0.562，二者中度相关，即地区生产总值高的城市，科技馆数量较多，见表 2-23、图 2-16。科技馆数量与人均地区生产总值呈显著相关，斯皮尔曼相关系数达到 0.533，二者中度相关，即人均地区生产总值高的城市，科技馆数量较多，见表 2-24、图 2-17。

**表 2-23　69 个大中城市的地区生产总值和科技馆数量**

| 序号 | 城市名称 | 地区生产总值（亿元） | 科技馆数量（个） |
| --- | --- | --- | --- |
| 1 | 上海市 | 25123.45 | 6 |
| 2 | 北京市 | 23014.59 | 9 |
| 3 | 广州市 | 18100.41 | 4 |
| 4 | 深圳市 | 17502.86 | 2 |
| 5 | 天津市 | 16538.19 | 3 |
| 6 | 重庆市 | 15717.27 | 2 |
| 7 | 武汉市 | 10905.60 | 5 |
| 8 | 成都市 | 10801.16 | 1 |
| 9 | 杭州市 | 10050.21 | 4 |
| 10 | 南京市 | 9720.77 | 2 |
| 11 | 青岛市 | 9300.07 | 2 |
| 12 | 无锡市 | 8518.26 | 3 |
| 13 | 长沙市 | 8510.13 | 3 |
| 14 | 宁波市 | 8003.61 | 4 |
| 15 | 大连市 | 7731.64 | 1 |
| 16 | 郑州市 | 7311.52 | 3 |
| 17 | 沈阳市 | 7272.31 | 2 |
| 18 | 烟台市 | 6446.08 | 3 |
| 19 | 泉州市 | 6137.71 | 2 |
| 20 | 唐山市 | 6103.06 | 1 |

续表

| 序号 | 城市名称 | 地区生产总值（亿元） | 科技馆数量（个） |
|---|---|---|---|
| 21 | 济南市 | 6100.23 | 1 |
| 22 | 西安市 | 5801.20 | 4 |
| 23 | 哈尔滨市 | 5751.21 | 2 |
| 24 | 合肥市 | 5660.27 | 3 |
| 25 | 福州市 | 5618.08 | 2 |
| 26 | 长春市 | 5530.03 | 4 |
| 27 | 石家庄市 | 5440.60 | 3 |
| 28 | 温州市 | 4618.08 | 1 |
| 29 | 扬州市 | 4016.84 | 1 |
| 30 | 济宁市 | 4013.12 | 0 |
| 31 | 南昌市 | 4000.01 | 1 |
| 32 | 昆明市 | 3968.01 | 3 |
| 33 | 包头市 | 3721.93 | 1 |
| 34 | 洛阳市 | 3469.03 | 0 |
| 35 | 厦门市 | 3466.03 | 1 |
| 36 | 南宁市 | 3410.09 | 1 |
| 37 | 金华市 | 3402.34 | 3 |
| 38 | 宜昌市 | 3384.80 | 9 |
| 39 | 襄阳市 | 3382.12 | 6 |
| 40 | 惠州市 | 3140.03 | 1 |
| 41 | 呼和浩特市 | 3090.52 | 2 |
| 42 | 贵阳市 | 2891.16 | 1 |
| 43 | 岳阳市 | 2886.28 | 1 |
| 44 | 太原市 | 2735.34 | 2 |
| 45 | 常德市 | 2709.02 | 0 |
| 46 | 乌鲁木齐市 | 2631.64 | 2 |

续表

| 序号 | 城市名称 | 地区生产总值（亿元） | 科技馆数量（个） |
|---|---|---|---|
| 47 | 吉林市 | 2394.19 | 5 |
| 48 | 湛江市 | 2380.02 | 1 |
| 49 | 遵义市 | 2168.34 | 0 |
| 50 | 兰州市 | 2095.99 | 0 |
| 51 | 赣州市 | 1973.87 | 1 |
| 52 | 桂林市 | 1942.97 | 0 |
| 53 | 九江市 | 1902.68 | 0 |
| 54 | 平顶山市 | 1705.78 | 0 |
| 55 | 南充市 | 1516.20 | 1 |
| 56 | 银川市 | 1493.86 | 1 |
| 57 | 安庆市 | 1417.43 | 3 |
| 58 | 泸州市 | 1353.41 | 0 |
| 59 | 锦州市 | 1327.33 | 1 |
| 60 | 牡丹江市 | 1310.70 | 0 |
| 61 | 蚌埠市 | 1253.06 | 1 |
| 62 | 秦皇岛市 | 1250.44 | 0 |
| 63 | 海口市 | 1161.96 | 1 |
| 64 | 韶关市 | 1149.98 | 3 |
| 65 | 西宁市 | 1131.62 | 1 |
| 66 | 丹东市 | 984.90 | 2 |
| 67 | 北海市 | 892.08 | 0 |
| 68 | 三亚市 | 435.82 | 0 |
| 69 | 拉萨市 | 376.73 | 1 |

表 2-24　69 个大中城市的人均地区生产总值和科技馆数量

| 序号 | 城市名称 | 人均地区生产总值（元） | 科技馆数量（个） |
|---|---|---|---|
| 1 | 深圳市 | 157985 | 2 |
| 2 | 广州市 | 136188 | 4 |
| 3 | 包头市 | 132253 | 1 |
| 4 | 无锡市 | 130938 | 3 |
| 5 | 南京市 | 118171 | 2 |
| 6 | 长沙市 | 115443 | 3 |
| 7 | 杭州市 | 112230 | 4 |
| 8 | 大连市 | 110682 | 1 |
| 9 | 天津市 | 107960 | 3 |
| 10 | 北京市 | 106497 | 9 |
| 11 | 武汉市 | 104132 | 5 |
| 12 | 上海市 | 103796 | 6 |
| 13 | 青岛市 | 102519 | 2 |
| 14 | 宁波市 | 102374 | 4 |
| 15 | 呼和浩特市 | 101492 | 2 |
| 16 | 烟台市 | 91979 | 3 |
| 17 | 厦门市 | 90397 | 1 |
| 18 | 扬州市 | 89647 | 1 |
| 19 | 沈阳市 | 87734 | 2 |
| 20 | 济南市 | 85919 | 1 |
| 21 | 宜昌市 | 82360 | 9 |
| 22 | 唐山市 | 78398 | 1 |
| 23 | 郑州市 | 77179 | 3 |
| 24 | 南昌市 | 75879 | 1 |
| 25 | 福州市 | 75259 | 2 |
| 26 | 乌鲁木齐市 | 74340 | 2 |

续表

| 序号 | 城市名称 | 人均地区生产总值（元） | 科技馆数量（个） |
|---|---|---|---|
| 27 | 成都市 | 74273 | 1 |
| 28 | 长春市 | 73324 | 4 |
| 29 | 合肥市 | 73102 | 3 |
| 30 | 泉州市 | 72421 | 2 |
| 31 | 银川市 | 69594 | 1 |
| 32 | 西安市 | 66938 | 4 |
| 33 | 惠州市 | 66231 | 1 |
| 34 | 太原市 | 63483 | 2 |
| 35 | 贵阳市 | 63003 | 1 |
| 36 | 金华市 | 62480 | 3 |
| 37 | 襄阳市 | 60319 | 6 |
| 38 | 昆明市 | 59656 | 3 |
| 39 | 拉萨市 | 59223 | 1 |
| 40 | 哈尔滨市 | 59027 | 2 |
| 41 | 三亚市 | 58486 | 0 |
| 42 | 兰州市 | 56972 | 0 |
| 43 | 吉林市 | 56076 | 5 |
| 44 | 北海市 | 55248 | 0 |
| 45 | 海口市 | 52534 | 1 |
| 46 | 重庆市 | 52321 | 2 |
| 47 | 洛阳市 | 51692 | 0 |
| 48 | 岳阳市 | 51429 | 1 |
| 49 | 石家庄市 | 51043 | 3 |
| 50 | 温州市 | 50790 | 1 |
| 51 | 西宁市 | 49197 | 1 |
| 52 | 南宁市 | 49066 | 1 |

续表

| 序号 | 城市名称 | 人均地区生产总值（元） | 科技馆数量（个） |
|---|---|---|---|
| 53 | 济宁市 | 48529 | 0 |
| 54 | 牡丹江市 | 47356 | 0 |
| 55 | 常德市 | 46408 | 0 |
| 56 | 锦州市 | 43207 | 1 |
| 57 | 丹东市 | 40850 | 2 |
| 58 | 秦皇岛市 | 40746 | 0 |
| 59 | 九江市 | 39505 | 0 |
| 60 | 韶关市 | 39380 | 3 |
| 61 | 桂林市 | 39329 | 0 |
| 62 | 蚌埠市 | 38267 | 1 |
| 63 | 遵义市 | 35123 | 0 |
| 64 | 平顶山市 | 33984 | 0 |
| 65 | 湛江市 | 32933 | 1 |
| 66 | 泸州市 | 31714 | 0 |
| 67 | 安庆市 | 31101 | 3 |
| 68 | 南充市 | 23881 | 1 |
| 69 | 赣州市 | 23148 | 1 |

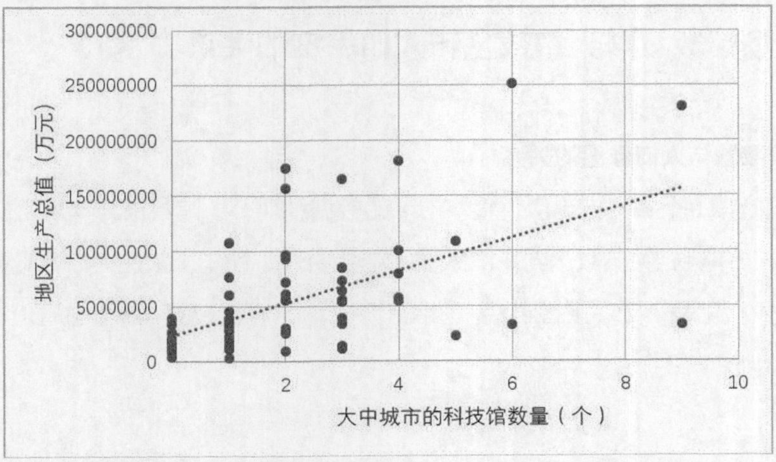


图 2-16　69 个大中城市的科技馆数量和地区生产总值散点图

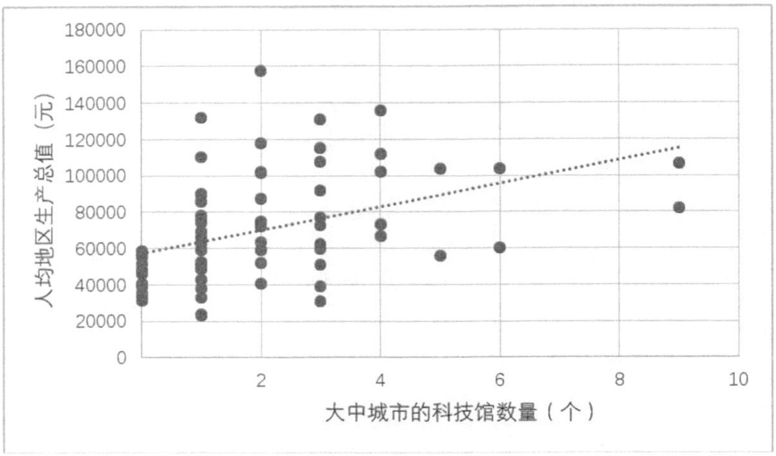


图 2-17　69 个大中城市的科技馆数量和人均地区生产总值散点图

# 2.2 场馆数量与人口分布

## 2.2.1 场馆数量与人口数量和人口密度的关系

### 1. 场馆数量与人口数量的关系

分析调研的 31 个省（自治区、直辖市）的数据发现，场馆数量与年末常住人口数量[①]呈显著相关，皮尔逊相关系数达到0.829，二者高度相关，即年末常住人口数量越多的地区，场馆数量越多，见表 2-25、图 2-18。场馆百万人均拥有量超过 10 个的省份有 10 个，占比为 32.26%，见表 2-26。

① 国家统计局. 中国统计年鉴 2016［J］. 北京：中国统计出版社，2016.

表 2-25　31 个省（自治区、直辖市）的年末常住人口数量和场馆数量

| 序号 | 省、自治区、直辖市名称 | 年末常住人口数量（万人） | 场馆数量（个） | 图书馆数量（个） | 博物馆数量（个） | 科技馆数量（个） |
|---|---|---|---|---|---|---|
| 1 | 广东省 | 10849 | 571 | 279 | 263 | 29 |
| 2 | 山东省 | 9847 | 585 | 223 | 349 | 13 |
| 3 | 河南省 | 9480 | 444 | 164 | 270 | 10 |
| 4 | 四川省 | 8204 | 422 | 193 | 222 | 7 |
| 5 | 江苏省 | 7976 | 578 | 276 | 276 | 26 |
| 6 | 河北省 | 7425 | 306 | 201 | 96 | 9 |
| 7 | 湖南省 | 6783 | 317 | 178 | 134 | 5 |
| 8 | 安徽省 | 6144 | 338 | 138 | 189 | 11 |
| 9 | 湖北省 | 5852 | 451 | 179 | 205 | 67 |
| 10 | 浙江省 | 5539 | 481 | 170 | 289 | 22 |
| 11 | 广西壮族自治区 | 4796 | 250 | 146 | 101 | 3 |
| 12 | 云南省 | 4742 | 248 | 136 | 105 | 7 |
| 13 | 江西省 | 4566 | 327 | 178 | 141 | 8 |
| 14 | 辽宁省 | 4382 | 343 | 228 | 100 | 15 |
| 15 | 福建省 | 3839 | 294 | 164 | 117 | 13 |
| 16 | 黑龙江省 | 3812 | 395 | 189 | 195 | 11 |
| 17 | 陕西省 | 3793 | 388 | 141 | 240 | 7 |
| 18 | 山西省 | 3664 | 296 | 167 | 126 | 3 |
| 19 | 贵州省 | 3530 | 177 | 92 | 83 | 2 |
| 20 | 重庆市 | 3017 | 162 | 96 | 64 | 2 |
| 21 | 吉林省 | 2753 | 301 | 158 | 108 | 35 |
| 22 | 甘肃省 | 2600 | 268 | 76 | 189 | 3 |
| 23 | 内蒙古自治区 | 2511 | 359 | 143 | 199 | 17 |
| 24 | 上海市 | 2415 | 244 | 125 | 113 | 6 |

续表

| 序号 | 省、自治区、直辖市名称 | 年末常住人口数量（万人） | 场馆数量（个） | 图书馆数量（个） | 博物馆数量（个） | 科技馆数量（个） |
|---|---|---|---|---|---|---|
| 25 | 新疆维吾尔自治区 | 2360 | 235 | 117 | 105 | 13 |
| 26 | 北京市 | 2171 | 344 | 197 | 138 | 9 |
| 27 | 天津市 | 1547 | 193 | 132 | 58 | 3 |
| 28 | 海南省 | 911 | 62 | 37 | 24 | 1 |
| 29 | 宁夏回族自治区 | 668 | 72 | 31 | 39 | 2 |
| 30 | 青海省 | 588 | 66 | 33 | 32 | 1 |
| 31 | 西藏自治区 | 324 | 12 | 3 | 8 | 1 |

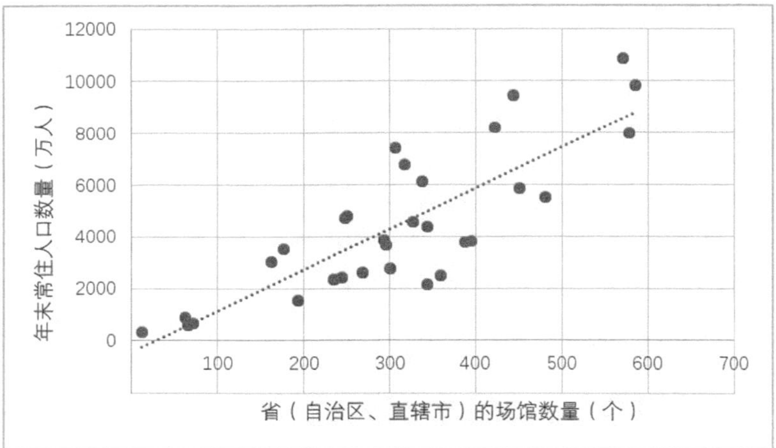


**图 2-18　31 个省（自治区、直辖市）的场馆数量和年末常住人口数量散点图**

**表 2-26　31 个省（自治区、直辖市）的年末常住人口数量和每百万人拥有的场馆数量**

| 序号 | 省、自治区、直辖市名称 | 年末常住人口数量（万人） | 场馆百万人均拥有量（个/百万人） | 图书馆百万人均拥有量（个/百万人） | 博物馆百万人均拥有量（个/百万人） | 科技馆百万人均拥有量（个/百万人） |
|---|---|---|---|---|---|---|
| 1 | 广东省 | 10849 | 5.26 | 2.57 | 2.42 | 0.27 |
| 2 | 山东省 | 9847 | 5.94 | 2.26 | 3.54 | 0.13 |
| 3 | 河南省 | 9480 | 4.68 | 1.73 | 2.85 | 0.11 |

续表

| 序号 | 省、自治区、直辖市名称 | 年末常住人口数量（万人） | 场馆百万人均拥有量（个/百万人） | 图书馆百万人均拥有量（个/百万人） | 博物馆百万人均拥有量（个/百万人） | 科技馆百万人均拥有量（个/百万人） |
|---|---|---|---|---|---|---|
| 4 | 四川省 | 8204 | 5.14 | 2.35 | 2.71 | 0.09 |
| 5 | 江苏省 | 7976 | 7.25 | 3.46 | 3.46 | 0.33 |
| 6 | 河北省 | 7425 | 4.12 | 2.71 | 1.29 | 0.12 |
| 7 | 湖南省 | 6783 | 4.67 | 2.62 | 1.98 | 0.07 |
| 8 | 安徽省 | 6144 | 5.50 | 2.25 | 3.08 | 0.18 |
| 9 | 湖北省 | 5852 | 7.71 | 3.06 | 3.50 | 1.14 |
| 10 | 浙江省 | 5539 | 8.68 | 3.07 | 5.22 | 0.40 |
| 11 | 广西壮族自治区 | 4796 | 5.21 | 3.04 | 2.11 | 0.06 |
| 12 | 云南省 | 4742 | 5.23 | 2.87 | 2.21 | 0.15 |
| 13 | 江西省 | 4566 | 7.16 | 3.90 | 3.09 | 0.18 |
| 14 | 辽宁省 | 4382 | 7.83 | 5.20 | 2.28 | 0.34 |
| 15 | 福建省 | 3839 | 7.66 | 4.27 | 3.05 | 0.34 |
| 16 | 黑龙江省 | 3812 | 10.36 | 4.96 | 5.12 | 0.29 |
| 17 | 陕西省 | 3793 | 10.23 | 3.72 | 6.33 | 0.18 |
| 18 | 山西省 | 3664 | 8.08 | 4.56 | 3.44 | 0.08 |
| 19 | 贵州省 | 3530 | 5.01 | 2.61 | 2.35 | 0.06 |
| 20 | 重庆市 | 3017 | 5.37 | 3.18 | 2.12 | 0.07 |
| 21 | 吉林省 | 2753 | 10.93 | 5.74 | 3.92 | 1.27 |
| 22 | 甘肃省 | 2600 | 10.31 | 2.92 | 7.27 | 0.12 |
| 23 | 内蒙古自治区 | 2511 | 14.30 | 5.69 | 7.93 | 0.68 |
| 24 | 上海市 | 2415 | 10.10 | 5.18 | 4.68 | 0.25 |
| 25 | 新疆维吾尔自治区 | 2360 | 9.96 | 4.96 | 4.45 | 0.55 |
| 26 | 北京市 | 2171 | 15.85 | 9.07 | 6.36 | 0.41 |
| 27 | 天津市 | 1547 | 12.48 | 8.53 | 3.75 | 0.19 |

续表

| 序号 | 省、自治区、直辖市名称 | 年末常住人口数量（万人） | 场馆百万人均拥有量（个 / 百万人） | 图书馆百万人均拥有量（个 / 百万人） | 博物馆百万人均拥有量（个 / 百万人） | 科技馆百万人均拥有量（个 / 百万人） |
|---|---|---|---|---|---|---|
| 28 | 海南省 | 911 | 6.81 | 4.06 | 2.63 | 0.11 |
| 29 | 宁夏回族自治区 | 668 | 10.78 | 4.64 | 5.84 | 0.30 |
| 30 | 青海省 | 588 | 11.22 | 5.61 | 5.44 | 0.17 |
| 31 | 西藏自治区 | 324 | 3.70 | 0.93 | 2.47 | 0.31 |

分析调研的 36 个直辖市、省会（首府）城市、计划单列市的数据发现，场馆数量与年末常住人口数量呈显著相关，皮尔逊相关系数达到 0.546，二者中度相关[①]。即年末常住人口数量多的城市，场馆数量较多，见表 2-27、图 2-19。场馆数量超过 100 个的城市有 11 个，占比为 30.56%。

**表 2–27　36 个直辖市、省会（首府）城市、计划单列市的年末常住人口数量和场馆数量**

| 序号 | 直辖市、省会（首府）城市、计划单列市名称 | 年末常住人口数量（万人） | 场馆数量（个） | 图书馆数量（个） | 博物馆数量（个） | 科技馆数量（个） |
|---|---|---|---|---|---|---|
| 1 | 重庆市 | 3016.55 | 162 | 96 | 64 | 2 |
| 2 | 上海市 | 2415.27 | 244 | 125 | 113 | 6 |
| 3 | 北京市 | 2170.50 | 344 | 197 | 138 | 9 |
| 4 | 天津市 | 1546.95 | 193 | 132 | 58 | 3 |
| 5 | 成都市 | 1465.80 | 150 | 62 | 87 | 1 |
| 6 | 广州市 | 1350.11 | 147 | 96 | 47 | 4 |
| 7 | 深圳市 | 1137.89 | 65 | 22 | 41 | 2 |
| 8 | 哈尔滨市 | 1098.08 | 151 | 77 | 72 | 2 |
| 9 | 石家庄市 | 1070.16 | 66 | 48 | 15 | 3 |
| 10 | 武汉市 | 1060.77 | 155 | 73 | 77 | 5 |
| 11 | 郑州市 | 956.89 | 90 | 57 | 30 | 3 |

① 本研究中，拉萨市的人口数量用的都是 2015 年底的户籍人口数量而不是年末常住人口数量。

续表

| 序号 | 直辖市、省会（首府）城市、计划单列市名称 | 年末常住人口数量（万人） | 场馆数量（个） | 图书馆数量（个） | 博物馆数量（个） | 科技馆数量（个） |
|---|---|---|---|---|---|---|
| 12 | 青岛市 | 909.70 | 92 | 30 | 60 | 2 |
| 13 | 杭州市 | 901.80 | 109 | 52 | 53 | 4 |
| 14 | 西安市 | 870.56 | 148 | 63 | 81 | 4 |
| 15 | 沈阳市 | 829.10 | 90 | 71 | 17 | 2 |
| 16 | 南京市 | 823.59 | 124 | 79 | 43 | 2 |
| 17 | 宁波市 | 782.50 | 90 | 20 | 66 | 4 |
| 18 | 长春市 | 779.30 | 97 | 65 | 28 | 4 |
| 19 | 合肥市 | 779.00 | 62 | 36 | 23 | 3 |
| 20 | 福州市 | 749.00 | 81 | 54 | 25 | 2 |
| 21 | 长沙市 | 743.18 | 78 | 50 | 25 | 3 |
| 22 | 济南市 | 713.20 | 76 | 46 | 29 | 1 |
| 23 | 大连市 | 698.70 | 66 | 39 | 26 | 1 |
| 24 | 南宁市 | 698.61 | 55 | 44 | 10 | 1 |
| 25 | 昆明市 | 667.70 | 66 | 39 | 24 | 3 |
| 26 | 南昌市 | 530.29 | 90 | 70 | 19 | 1 |
| 27 | 贵阳市 | 462.18 | 41 | 28 | 12 | 1 |
| 28 | 太原市 | 431.87 | 77 | 63 | 12 | 2 |
| 29 | 厦门市 | 385.00 | 34 | 24 | 9 | 1 |
| 30 | 兰州市 | 369.31 | 59 | 36 | 23 | 0 |
| 31 | 乌鲁木齐市 | 355.00 | 42 | 33 | 7 | 2 |
| 32 | 呼和浩特市 | 306.00 | 79 | 39 | 38 | 2 |
| 33 | 西宁市 | 231.08 | 32 | 18 | 13 | 1 |
| 34 | 海口市 | 222.30 | 23 | 16 | 6 | 1 |
| 35 | 银川市 | 216.41 | 34 | 16 | 17 | 1 |
| 36 | 拉萨市 | 53.03 | 8 | 3 | 4 | 1 |

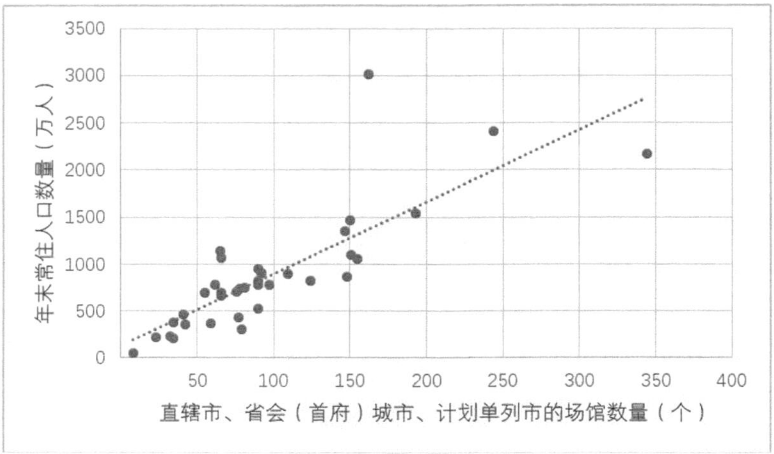


**图 2-19　36 个直辖市、省会（首府）城市、计划单列市的场馆数量和年末常住人口数量散点图**

分析 69 个大中城市的数据发现，场馆数量与年末常住人口数量呈显著相关，斯皮尔曼相关系数达到 0.698，二者中度相关。即年末常住人口数量多的城市，场馆数量较多，见表 2-28、图 2-20。场馆数量超过 100 个的城市有 11 个，占比为 15.94%。其中北京市有 344 个场馆，上海市有 244 个场馆。

**表 2-28　69 个大中城市的年末常住人口数量和场馆数量**

| 序号 | 城市名称 | 年末常住人口数量（万人） | 场馆数量（个） | 图书馆数量（个） | 博物馆数量（个） | 科技馆数量（个） |
|---|---|---|---|---|---|---|
| 1 | 重庆市 | 3016.55 | 162 | 96 | 64 | 2 |
| 2 | 上海市 | 2415.27 | 244 | 125 | 113 | 6 |
| 3 | 北京市 | 2170.50 | 344 | 197 | 138 | 9 |
| 4 | 天津市 | 1546.95 | 193 | 132 | 58 | 3 |
| 5 | 成都市 | 1465.80 | 150 | 62 | 87 | 1 |
| 6 | 广州市 | 1350.11 | 147 | 96 | 47 | 4 |
| 7 | 深圳市 | 1137.89 | 65 | 22 | 41 | 2 |
| 8 | 哈尔滨市 | 1098.08 | 151 | 77 | 72 | 2 |
| 9 | 石家庄市 | 1070.16 | 66 | 48 | 15 | 3 |

续表

| 序号 | 城市名称 | 年末常住人口数量（万人） | 场馆数量（个） | 图书馆数量（个） | 博物馆数量（个） | 科技馆数量（个） |
|---|---|---|---|---|---|---|
| 10 | 武汉市 | 1060.77 | 155 | 73 | 77 | 5 |
| 11 | 赣州市 | 960.63 | 45 | 25 | 19 | 1 |
| 12 | 郑州市 | 956.89 | 90 | 57 | 30 | 3 |
| 13 | 温州市 | 911.70 | 52 | 22 | 29 | 1 |
| 14 | 青岛市 | 909.70 | 92 | 30 | 60 | 2 |
| 15 | 杭州市 | 901.80 | 109 | 52 | 53 | 4 |
| 16 | 西安市 | 870.56 | 148 | 63 | 81 | 4 |
| 17 | 泉州市 | 850.00 | 34 | 17 | 15 | 2 |
| 18 | 济宁市 | 829.92 | 42 | 14 | 28 | 0 |
| 19 | 沈阳市 | 829.10 | 90 | 71 | 17 | 2 |
| 20 | 南京市 | 823.59 | 124 | 79 | 43 | 2 |
| 21 | 宁波市 | 782.50 | 90 | 20 | 66 | 4 |
| 22 | 唐山市 | 780.10 | 34 | 15 | 18 | 1 |
| 23 | 长春市 | 779.30 | 97 | 65 | 28 | 4 |
| 24 | 合肥市 | 779.00 | 62 | 36 | 23 | 3 |
| 25 | 福州市 | 749.00 | 81 | 54 | 25 | 2 |
| 26 | 长沙市 | 743.18 | 78 | 50 | 25 | 3 |
| 27 | 湛江市 | 724.14 | 21 | 14 | 6 | 1 |
| 28 | 济南市 | 713.20 | 76 | 46 | 29 | 1 |
| 29 | 烟台市 | 701.41 | 53 | 22 | 28 | 3 |
| 30 | 大连市 | 698.70 | 66 | 39 | 26 | 1 |
| 31 | 南宁市 | 698.61 | 55 | 44 | 10 | 1 |
| 32 | 洛阳市 | 674.30 | 58 | 10 | 48 | 0 |
| 33 | 昆明市 | 667.70 | 66 | 39 | 24 | 3 |
| 34 | 无锡市 | 651.10 | 77 | 17 | 57 | 3 |

续表

| 序号 | 城市名称 | 年末常住人口数量（万人） | 场馆数量（个） | 图书馆数量（个） | 博物馆数量（个） | 科技馆数量（个） |
|---|---|---|---|---|---|---|
| 35 | 南充市 | 636.40 | 23 | 15 | 7 | 1 |
| 36 | 遵义市 | 619.20 | 29 | 13 | 16 | 0 |
| 37 | 常德市 | 584.39 | 22 | 11 | 11 | 0 |
| 38 | 岳阳市 | 562.92 | 23 | 10 | 12 | 1 |
| 39 | 襄阳市 | 561.40 | 26 | 12 | 8 | 6 |
| 40 | 金华市 | 545.40 | 43 | 15 | 25 | 3 |
| 41 | 安庆市 | 543.60 | 30 | 11 | 16 | 3 |
| 42 | 南昌市 | 530.29 | 90 | 70 | 19 | 1 |
| 43 | 桂林市 | 496.16 | 44 | 24 | 20 | 0 |
| 44 | 九江市 | 482.58 | 36 | 18 | 18 | 0 |
| 45 | 惠州市 | 475.55 | 22 | 11 | 10 | 1 |
| 46 | 贵阳市 | 462.18 | 41 | 28 | 12 | 1 |
| 47 | 扬州市 | 448.36 | 39 | 23 | 15 | 1 |
| 48 | 太原市 | 431.87 | 77 | 63 | 12 | 2 |
| 49 | 泸州市 | 428.52 | 16 | 9 | 7 | 0 |
| 50 | 吉林市 | 426.24 | 42 | 21 | 16 | 5 |
| 51 | 宜昌市 | 411.50 | 41 | 14 | 18 | 9 |
| 52 | 平顶山市 | 403.40 | 20 | 7 | 13 | 0 |
| 53 | 厦门市 | 385.00 | 34 | 24 | 9 | 1 |
| 54 | 兰州市 | 369.31 | 59 | 36 | 23 | 0 |
| 55 | 乌鲁木齐市 | 355.00 | 42 | 33 | 7 | 2 |
| 56 | 蚌埠市 | 329.10 | 13 | 7 | 5 | 1 |
| 57 | 秦皇岛市 | 307.32 | 13 | 10 | 3 | 0 |
| 58 | 锦州市 | 306.80 | 21 | 14 | 6 | 1 |
| 59 | 呼和浩特市 | 306.00 | 79 | 39 | 38 | 2 |

续表

| 序号 | 城市名称 | 年末常住人口数量（万人） | 场馆数量（个） | 图书馆数量（个） | 博物馆数量（个） | 科技馆数量（个） |
|---|---|---|---|---|---|---|
| 60 | 韶关市 | 293.15 | 22 | 10 | 9 | 3 |
| 61 | 包头市 | 282.90 | 30 | 21 | 8 | 1 |
| 62 | 牡丹江市 | 276.40 | 37 | 17 | 20 | 0 |
| 63 | 丹东市 | 244.47 | 18 | 12 | 4 | 2 |
| 64 | 西宁市 | 231.08 | 32 | 18 | 13 | 1 |
| 65 | 海口市 | 222.30 | 23 | 16 | 6 | 1 |
| 66 | 银川市 | 216.41 | 34 | 16 | 17 | 1 |
| 67 | 北海市 | 162.57 | 6 | 5 | 1 | 0 |
| 68 | 三亚市 | 74.89 | 7 | 1 | 6 | 0 |
| 69 | 拉萨市 | 53.03 | 8 | 3 | 4 | 1 |

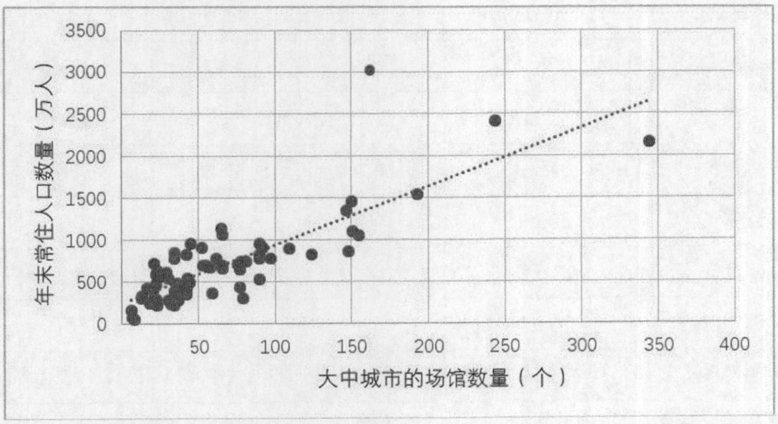


图 2-20　69 个大中城市的场馆数量和年末常住人口数量散点图

## 2. 场馆数量与人口密度的关系

分析调研的 31 个省（自治区、直辖市）的数据发现，场馆数量与人口密度呈显著相关，斯皮尔曼相关系数达到 0.421，二者中度相关，即人口密度大的省份，场馆数量较多，见表 2-29、图 2-21。

表 2-29　31 个省（自治区、直辖市）的人口密度和场馆数量

| 序号 | 省、自治区、直辖市名称 | 人口密度（人/平方千米） | 场馆数量（个） | 图书馆数量（个） | 博物馆数量（个） | 科技馆数量（个） |
|---|---|---|---|---|---|---|
| 1 | 山东省 | 656.47 | 585 | 223 | 349 | 13 |
| 2 | 上海市 | 4163.79 | 244 | 125 | 113 | 6 |
| 3 | 天津市 | 1406.36 | 193 | 132 | 58 | 3 |
| 4 | 北京市 | 1292.26 | 344 | 197 | 138 | 9 |
| 5 | 江苏省 | 797.60 | 578 | 276 | 276 | 26 |
| 6 | 广东省 | 602.72 | 571 | 279 | 263 | 29 |
| 7 | 河南省 | 592.50 | 444 | 164 | 270 | 10 |
| 8 | 浙江省 | 553.90 | 481 | 170 | 289 | 22 |
| 9 | 安徽省 | 472.62 | 338 | 138 | 189 | 11 |
| 10 | 河北省 | 390.79 | 306 | 201 | 96 | 9 |
| 11 | 重庆市 | 366.59 | 162 | 96 | 64 | 2 |
| 12 | 湖北省 | 325.11 | 451 | 179 | 205 | 67 |
| 13 | 湖南省 | 323.00 | 317 | 178 | 134 | 5 |
| 14 | 福建省 | 319.92 | 294 | 164 | 117 | 13 |
| 15 | 辽宁省 | 292.13 | 343 | 228 | 100 | 15 |
| 16 | 江西省 | 285.38 | 327 | 178 | 141 | 8 |
| 17 | 海南省 | 267.94 | 62 | 37 | 24 | 1 |
| 18 | 山西省 | 244.27 | 296 | 167 | 126 | 3 |
| 19 | 广西壮族自治区 | 208.52 | 250 | 146 | 101 | 3 |
| 20 | 贵州省 | 207.65 | 177 | 92 | 83 | 2 |
| 21 | 陕西省 | 199.63 | 388 | 141 | 240 | 7 |
| 22 | 四川省 | 170.92 | 422 | 193 | 222 | 7 |
| 23 | 吉林省 | 152.94 | 301 | 158 | 108 | 35 |
| 24 | 云南省 | 124.79 | 248 | 136 | 105 | 7 |

续表

| 序号 | 省、自治区、直辖市名称 | 人口密度（人/平方千米） | 场馆数量（个） | 图书馆数量（个） | 博物馆数量（个） | 科技馆数量（个） |
|---|---|---|---|---|---|---|
| 25 | 宁夏回族自治区 | 101.21 | 72 | 31 | 39 | 2 |
| 26 | 黑龙江省 | 82.87 | 395 | 189 | 195 | 11 |
| 27 | 甘肃省 | 66.67 | 268 | 76 | 189 | 3 |
| 28 | 内蒙古自治区 | 22.83 | 359 | 143 | 199 | 17 |
| 29 | 新疆维吾尔自治区 | 14.75 | 235 | 117 | 105 | 13 |
| 30 | 青海省 | 8.17 | 66 | 33 | 32 | 1 |
| 31 | 西藏自治区 | 2.70 | 12 | 3 | 8 | 1 |

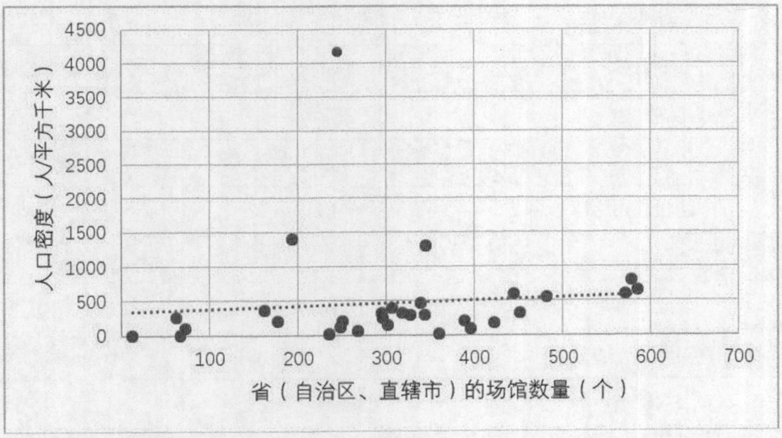


**图 2-21　31 个省（自治区、直辖市）的场馆数量和人口密度散点图**

## 2.2.2 图书馆数量与人口数量和人口密度的关系

### 1. 图书馆数量与人口数量的关系

分析调研的 31 个省（自治区、直辖市）的数据发现，图书馆数量与人口数量呈显著相关，皮尔逊相关系数达到 0.775，二者中度相关，即年末常住人口数量越多的地区，图书馆数量越多，见表 2-30、图 2-22。图书馆百万人均拥有量超过 5 个的省份有 7 个，占比为 22.58%，如表 2-31 所示。

**表 2-30　31 个省（自治区、直辖市）的年末常住人口数量和图书馆数量**

| 序号 | 省、自治区、直辖市名称 | 年末常住人口数量（万人） | 图书馆数量（个） |
|---|---|---|---|
| 1 | 广东省 | 10849 | 279 |
| 2 | 山东省 | 9847 | 223 |
| 3 | 河南省 | 9480 | 164 |
| 4 | 四川省 | 8204 | 193 |
| 5 | 江苏省 | 7976 | 276 |
| 6 | 河北省 | 7425 | 201 |
| 7 | 湖南省 | 6783 | 178 |
| 8 | 安徽省 | 6144 | 138 |
| 9 | 湖北省 | 5852 | 179 |
| 10 | 浙江省 | 5539 | 170 |
| 11 | 广西壮族自治区 | 4796 | 146 |
| 12 | 云南省 | 4742 | 136 |
| 13 | 江西省 | 4566 | 178 |
| 14 | 辽宁省 | 4382 | 228 |
| 15 | 福建省 | 3839 | 164 |
| 16 | 黑龙江省 | 3812 | 189 |
| 17 | 陕西省 | 3793 | 141 |
| 18 | 山西省 | 3664 | 167 |
| 19 | 贵州省 | 3530 | 92 |
| 20 | 重庆市 | 3017 | 96 |
| 21 | 吉林省 | 2753 | 158 |
| 22 | 甘肃省 | 2600 | 76 |
| 23 | 内蒙古自治区 | 2511 | 143 |
| 24 | 上海市 | 2415 | 125 |

续表

| 序号 | 省、自治区、直辖市名称 | 年末常住人口数量（万人） | 图书馆数量（个） |
|---|---|---|---|
| 25 | 新疆维吾尔自治区 | 2360 | 117 |
| 26 | 北京市 | 2171 | 197 |
| 27 | 天津市 | 1547 | 132 |
| 28 | 海南省 | 911 | 37 |
| 29 | 宁夏回族自治区 | 668 | 31 |
| 30 | 青海省 | 588 | 33 |
| 31 | 西藏自治区 | 324 | 3 |

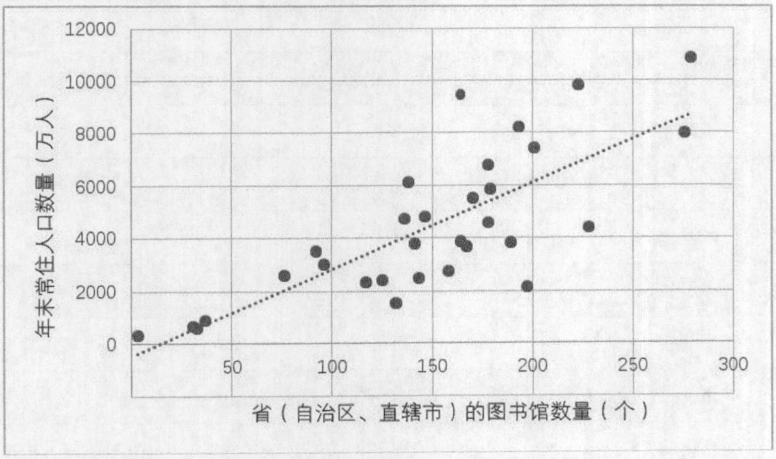


**图 2-22　31 个省（自治区、直辖市）的图书馆数量和年末常住人口数量散点图**

**表 2-31　31 个省（自治区、直辖市）的年末常住人口数量和每百万人拥有的图书馆数量**

| 序号 | 省、自治区、直辖市名称 | 年末常住人口数量（万人） | 图书馆百万人均拥有量（个/百万人） |
|---|---|---|---|
| 1 | 广东省 | 10849 | 2.57 |
| 2 | 山东省 | 9847 | 2.26 |
| 3 | 河南省 | 9480 | 1.73 |
| 4 | 四川省 | 8204 | 2.35 |

续表

| 序号 | 省、自治区、直辖市名称 | 年末常住人口数量（万人） | 图书馆百万人均拥有量（个 / 百万人） |
|---|---|---|---|
| 5 | 江苏省 | 7976 | 3.46 |
| 6 | 河北省 | 7425 | 2.71 |
| 7 | 湖南省 | 6783 | 2.62 |
| 8 | 安徽省 | 6144 | 2.25 |
| 9 | 湖北省 | 5852 | 3.06 |
| 10 | 浙江省 | 5539 | 3.07 |
| 11 | 广西壮族自治区 | 4796 | 3.04 |
| 12 | 云南省 | 4742 | 2.87 |
| 13 | 江西省 | 4566 | 3.90 |
| 14 | 辽宁省 | 4382 | 5.20 |
| 15 | 福建省 | 3839 | 4.27 |
| 16 | 黑龙江省 | 3812 | 4.96 |
| 17 | 陕西省 | 3793 | 3.72 |
| 18 | 山西省 | 3664 | 4.56 |
| 19 | 贵州省 | 3530 | 2.61 |
| 20 | 重庆市 | 3017 | 3.18 |
| 21 | 吉林省 | 2753 | 5.74 |
| 22 | 甘肃省 | 2600 | 2.92 |
| 23 | 内蒙古自治区 | 2511 | 5.69 |
| 24 | 上海市 | 2415 | 5.18 |
| 25 | 新疆维吾尔自治区 | 2360 | 4.96 |
| 26 | 北京市 | 2171 | 9.07 |
| 27 | 天津市 | 1547 | 8.53 |
| 28 | 海南省 | 911 | 4.06 |

续表

| 序号 | 省、自治区、直辖市名称 | 年末常住人口数量（万人） | 图书馆百万人均拥有量（个/百万人） |
|---|---|---|---|
| 29 | 宁夏回族自治区 | 668 | 4.64 |
| 30 | 青海省 | 588 | 5.61 |
| 31 | 西藏自治区 | 324 | 0.93 |

分析调研的36个直辖市、省会（首府）城市、计划单列市的数据发现，图书馆数量与年末常住人口数量呈显著相关，皮尔逊相关系数达到0.493，二者中度相关，即年末常住人口数量多的城市，图书馆数量较多，见表2-32、图2-23。图书馆数量超过50个的城市有18个，占比为50%。其中北京市、天津市、上海市拥有的图书馆均超过100个。

**表2–32　36个直辖市、省会（首府）城市、计划单列市的年末常住人口数量和图书馆数量**

| 序号 | 直辖市、省会（首府）城市、计划单列市名称 | 年末常住人口数量（万人） | 图书馆数量（个） |
|---|---|---|---|
| 1 | 重庆市 | 3016.55 | 96 |
| 2 | 上海市 | 2415.27 | 125 |
| 3 | 北京市 | 2170.50 | 197 |
| 4 | 天津市 | 1546.95 | 132 |
| 5 | 成都市 | 1465.80 | 62 |
| 6 | 广州市 | 1350.11 | 96 |
| 7 | 深圳市 | 1137.89 | 22 |
| 8 | 哈尔滨市 | 1098.08 | 77 |
| 9 | 石家庄市 | 1070.16 | 48 |
| 10 | 武汉市 | 1060.77 | 73 |
| 11 | 郑州市 | 956.89 | 57 |
| 12 | 青岛市 | 909.70 | 30 |
| 13 | 杭州市 | 901.80 | 52 |
| 14 | 西安市 | 870.56 | 63 |

续表

| 序号 | 直辖市、省会（首府）城市、计划单列市名称 | 年末常住人口数量（万人） | 图书馆数量（个） |
|---|---|---|---|
| 15 | 沈阳市 | 829.10 | 71 |
| 16 | 南京市 | 823.59 | 79 |
| 17 | 宁波市 | 782.50 | 20 |
| 18 | 长春市 | 779.30 | 65 |
| 19 | 合肥市 | 779.00 | 36 |
| 20 | 福州市 | 749.00 | 54 |
| 21 | 长沙市 | 743.18 | 50 |
| 22 | 济南市 | 713.20 | 46 |
| 23 | 大连市 | 698.70 | 39 |
| 24 | 南宁市 | 698.61 | 44 |
| 25 | 昆明市 | 667.70 | 39 |
| 26 | 南昌市 | 530.29 | 70 |
| 27 | 贵阳市 | 462.18 | 28 |
| 28 | 太原市 | 431.87 | 63 |
| 29 | 厦门市 | 385.00 | 24 |
| 30 | 兰州市 | 369.31 | 36 |
| 31 | 乌鲁木齐市 | 355.00 | 33 |
| 32 | 呼和浩特市 | 306.00 | 39 |
| 33 | 西宁市 | 231.08 | 18 |
| 34 | 海口市 | 222.30 | 16 |
| 35 | 银川市 | 216.41 | 16 |
| 36 | 拉萨市 | 53.03 | 3 |

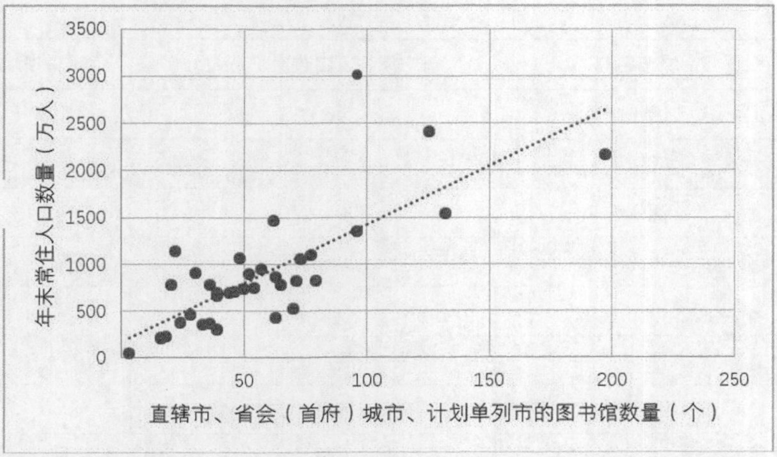


**图 2-23　36 个直辖市、省会（首府）城市、计划单列市的图书馆数量和年末常住人口数量散点图**

分析调研的 69 个大中城市的数据发现，图书馆数量与年末常住人口数量呈显著相关，斯皮尔曼相关系数达到 0.584，二者中度相关，即年末常住人口数量多的城市，图书馆数量越多，见表 2-33、图 2-24。图书馆数量超过 50 个的城市有 18 个，占比为 26.09%。

**表 2-33　69 个大中城市的年末常住人口数量和图书馆数量**

| 序号 | 城市名称 | 年末常住人口数量（万人） | 图书馆数量（个） |
| --- | --- | --- | --- |
| 1 | 重庆市 | 3016.55 | 96 |
| 2 | 上海市 | 2415.27 | 125 |
| 3 | 北京市 | 2170.50 | 197 |
| 4 | 天津市 | 1546.95 | 132 |
| 5 | 成都市 | 1465.80 | 62 |
| 6 | 广州市 | 1350.11 | 96 |
| 7 | 深圳市 | 1137.89 | 22 |
| 8 | 哈尔滨市 | 1098.08 | 77 |
| 9 | 石家庄市 | 1070.16 | 48 |
| 10 | 武汉市 | 1060.77 | 73 |

续表

| 序号 | 城市名称 | 年末常住人口数量（万人） | 图书馆数量（个） |
|---|---|---|---|
| 11 | 赣州市 | 960.63 | 25 |
| 12 | 郑州市 | 956.89 | 57 |
| 13 | 温州市 | 911.70 | 22 |
| 14 | 青岛市 | 909.70 | 30 |
| 15 | 杭州市 | 901.80 | 52 |
| 16 | 西安市 | 870.56 | 63 |
| 17 | 泉州市 | 850.00 | 17 |
| 18 | 济宁市 | 829.92 | 14 |
| 19 | 沈阳市 | 829.10 | 71 |
| 20 | 南京市 | 823.59 | 79 |
| 21 | 宁波市 | 782.50 | 20 |
| 22 | 唐山市 | 780.10 | 15 |
| 23 | 长春市 | 779.30 | 65 |
| 24 | 合肥市 | 779.00 | 36 |
| 25 | 福州市 | 749.00 | 54 |
| 26 | 长沙市 | 743.18 | 50 |
| 27 | 湛江市 | 724.14 | 14 |
| 28 | 济南市 | 713.20 | 46 |
| 29 | 烟台市 | 701.41 | 22 |
| 30 | 大连市 | 698.70 | 39 |
| 31 | 南宁市 | 698.61 | 44 |
| 32 | 洛阳市 | 674.30 | 10 |
| 33 | 昆明市 | 667.70 | 39 |
| 34 | 无锡市 | 651.10 | 17 |
| 35 | 南充市 | 636.40 | 15 |
| 36 | 遵义市 | 619.20 | 13 |

续表

| 序号 | 城市名称 | 年末常住人口数量（万人） | 图书馆数量（个） |
|---|---|---|---|
| 37 | 常德市 | 584.39 | 11 |
| 38 | 岳阳市 | 562.92 | 10 |
| 39 | 襄阳市 | 561.40 | 12 |
| 40 | 金华市 | 545.40 | 15 |
| 41 | 安庆市 | 543.60 | 11 |
| 42 | 南昌市 | 530.29 | 70 |
| 43 | 桂林市 | 496.16 | 24 |
| 44 | 九江市 | 482.58 | 18 |
| 45 | 惠州市 | 475.55 | 11 |
| 46 | 贵阳市 | 462.18 | 28 |
| 47 | 扬州市 | 448.36 | 23 |
| 48 | 太原市 | 431.87 | 63 |
| 49 | 泸州市 | 428.52 | 9 |
| 50 | 吉林市 | 426.24 | 21 |
| 51 | 宜昌市 | 411.50 | 14 |
| 52 | 平顶山市 | 403.40 | 7 |
| 53 | 厦门市 | 385.00 | 24 |
| 54 | 兰州市 | 369.31 | 36 |
| 55 | 乌鲁木齐市 | 355.00 | 33 |
| 56 | 蚌埠市 | 329.10 | 7 |
| 57 | 秦皇岛市 | 307.32 | 10 |
| 58 | 锦州市 | 306.80 | 14 |
| 59 | 呼和浩特市 | 306.00 | 39 |
| 60 | 韶关市 | 293.15 | 10 |

续表

| 序号 | 城市名称 | 年末常住人口数量（万人） | 图书馆数量（个） |
|---|---|---|---|
| 61 | 包头市 | 282.90 | 21 |
| 62 | 牡丹江市 | 276.40 | 17 |
| 63 | 丹东市 | 244.47 | 12 |
| 64 | 西宁市 | 231.08 | 18 |
| 65 | 海口市 | 222.30 | 16 |
| 66 | 银川市 | 216.41 | 16 |
| 67 | 北海市 | 162.57 | 5 |
| 68 | 三亚市 | 74.89 | 1 |
| 69 | 拉萨市 | 53.03 | 3 |

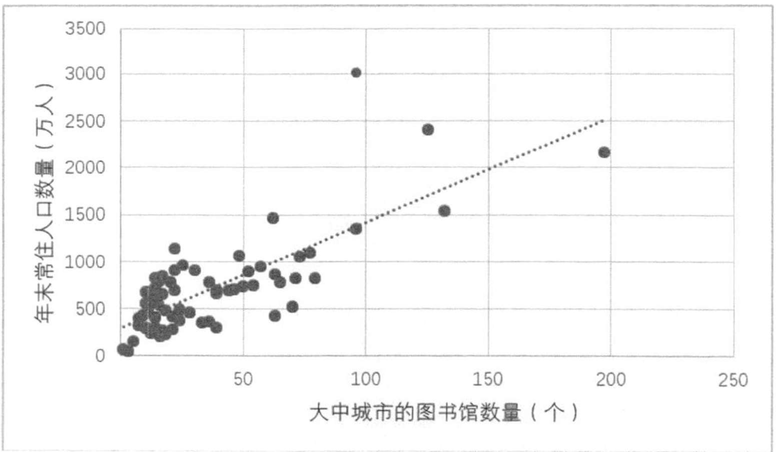


**图 2–24　69 个大中城市的图书馆数量和年末常住人口数量散点图**

## 2. 图书馆数量与人口密度的关系

分析调研的 31 个省（自治区、直辖市）的数据发现，图书馆数量与人口密度呈显著相关，斯皮尔曼相关系数达到 0.501，二者中度相关，即人口密度大的省份，图书馆数量较多，见表 2-34、图 2-25。

表 2-34　31 个省（自治区、直辖市）的人口密度和图书馆数量

| 序号 | 省、自治区、直辖市名称 | 人口密度（人 / 平方千米） | 图书馆数量（个） |
|---|---|---|---|
| 1 | 上海市 | 4163.79 | 125 |
| 2 | 天津市 | 1406.36 | 132 |
| 3 | 北京市 | 1292.26 | 197 |
| 4 | 江苏省 | 797.60 | 276 |
| 5 | 山东省 | 656.47 | 223 |
| 6 | 广东省 | 602.72 | 279 |
| 7 | 河南省 | 592.50 | 164 |
| 8 | 浙江省 | 553.90 | 170 |
| 9 | 安徽省 | 472.62 | 138 |
| 10 | 河北省 | 390.79 | 201 |
| 11 | 重庆市 | 366.59 | 96 |
| 12 | 湖北省 | 325.11 | 179 |
| 13 | 湖南省 | 323.00 | 178 |
| 14 | 福建省 | 319.92 | 164 |
| 15 | 辽宁省 | 292.13 | 228 |
| 16 | 江西省 | 285.38 | 178 |
| 17 | 海南省 | 267.94 | 37 |
| 18 | 山西省 | 244.27 | 167 |
| 19 | 广西壮族自治区 | 208.52 | 146 |
| 20 | 贵州省 | 207.65 | 92 |
| 21 | 陕西省 | 199.63 | 141 |
| 22 | 四川省 | 170.92 | 193 |
| 23 | 吉林省 | 152.94 | 158 |
| 24 | 云南省 | 124.79 | 136 |
| 25 | 宁夏回族自治区 | 101.21 | 31 |
| 26 | 黑龙江省 | 82.87 | 189 |

续表

| 序号 | 省、自治区、直辖市名称 | 人口密度（人 / 平方千米） | 图书馆数量（个） |
|---|---|---|---|
| 27 | 甘肃省 | 66.67 | 76 |
| 28 | 内蒙古自治区 | 22.83 | 143 |
| 29 | 新疆维吾尔自治区 | 14.75 | 117 |
| 30 | 青海省 | 8.17 | 33 |
| 31 | 西藏自治区 | 2.70 | 3 |

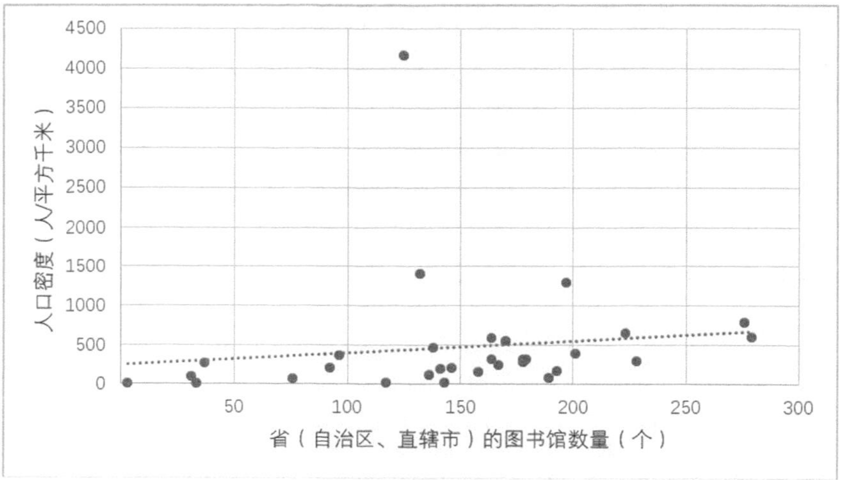


图 2-25　31 个省（自治区、直辖市）的图书馆数量和人口密度散点图

## 2.2.3 博物馆数量与人口数量和人口密度的关系

### 1. 博物馆数量与人口数量的关系

分析调研的 31 个省（自治区、直辖市）的数据发现，博物馆数量与年末常住人口数量呈显著相关，皮尔逊相关系数达到 0.764，二者中度相关，即年末常住人口数量越多的省份，博物馆数量越多，见表 2-35、图 2-26。每百万人拥有的博物馆数量超过 5 个的省份有 8 个，占比为 25.81%，见表 2-36。

表 2-35 31 个省（自治区、直辖市）的年末常住人口数量和博物馆数量

| 序号 | 省、自治区、直辖市名称 | 年末常住人口数量（万人） | 博物馆数量（个） |
| --- | --- | --- | --- |
| 1 | 广东省 | 10849 | 263 |
| 2 | 山东省 | 9847 | 349 |
| 3 | 河南省 | 9480 | 270 |
| 4 | 四川省 | 8204 | 222 |
| 5 | 江苏省 | 7976 | 276 |
| 6 | 河北省 | 7425 | 96 |
| 7 | 湖南省 | 6783 | 134 |
| 8 | 安徽省 | 6144 | 189 |
| 9 | 湖北省 | 5852 | 205 |
| 10 | 浙江省 | 5539 | 289 |
| 11 | 广西壮族自治区 | 4796 | 101 |
| 12 | 云南省 | 4742 | 105 |
| 13 | 江西省 | 4566 | 141 |
| 14 | 辽宁省 | 4382 | 100 |
| 15 | 福建省 | 3839 | 117 |
| 16 | 黑龙江省 | 3812 | 195 |
| 17 | 陕西省 | 3793 | 240 |
| 18 | 山西省 | 3664 | 126 |
| 19 | 贵州省 | 3530 | 83 |
| 20 | 重庆市 | 3017 | 64 |
| 21 | 吉林省 | 2753 | 108 |
| 22 | 甘肃省 | 2600 | 189 |
| 23 | 内蒙古自治区 | 2511 | 199 |
| 24 | 上海市 | 2415 | 113 |
| 25 | 新疆维吾尔自治区 | 2360 | 105 |
| 26 | 北京市 | 2171 | 138 |

续表

| 序号 | 省、自治区、直辖市名称 | 年末常住人口数量（万人） | 博物馆数量（个） |
|---|---|---|---|
| 27 | 天津市 | 1547 | 58 |
| 28 | 海南省 | 911 | 24 |
| 29 | 宁夏回族自治区 | 668 | 39 |
| 30 | 青海省 | 588 | 32 |
| 31 | 西藏自治区 | 324 | 8 |

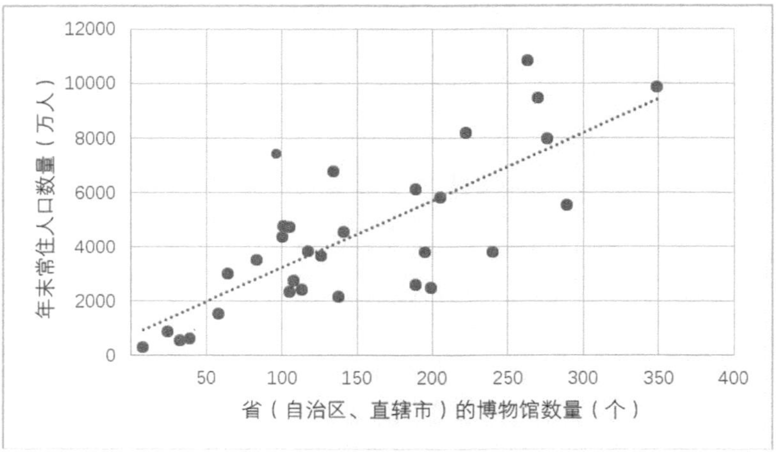


图 2-26　31 个省（自治区、直辖市）的博物馆数量和年末常住人口数量散点图

表 2-36　31 个省（自治区、直辖市）的年末常住人口数量和每百万人拥有的博物馆数量

| 序号 | 省、自治区、直辖市名称 | 年末常住人口数量（万人） | 博物馆百万人均拥有量（个 / 百万人） |
|---|---|---|---|
| 1 | 广东省 | 10849 | 2.42 |
| 2 | 山东省 | 9847 | 3.54 |
| 3 | 河南省 | 9480 | 2.85 |
| 4 | 四川省 | 8204 | 2.71 |
| 5 | 江苏省 | 7976 | 3.46 |
| 6 | 河北省 | 7425 | 1.29 |

续表

| 序号 | 省、自治区、直辖市名称 | 年末常住人口数量（万人） | 博物馆百万人均拥有量（个/百万人） |
|---|---|---|---|
| 7 | 湖南省 | 6783 | 1.98 |
| 8 | 安徽省 | 6144 | 3.08 |
| 9 | 湖北省 | 5852 | 3.50 |
| 10 | 浙江省 | 5539 | 5.22 |
| 11 | 广西壮族自治区 | 4796 | 2.11 |
| 12 | 云南省 | 4742 | 2.21 |
| 13 | 江西省 | 4566 | 3.09 |
| 14 | 辽宁省 | 4382 | 2.28 |
| 15 | 福建省 | 3839 | 3.05 |
| 16 | 黑龙江省 | 3812 | 5.12 |
| 17 | 陕西省 | 3793 | 6.33 |
| 18 | 山西省 | 3664 | 3.44 |
| 19 | 贵州省 | 3530 | 2.35 |
| 20 | 重庆市 | 3017 | 2.12 |
| 21 | 吉林省 | 2753 | 3.92 |
| 22 | 甘肃省 | 2600 | 7.27 |
| 23 | 内蒙古自治区 | 2511 | 7.93 |
| 24 | 上海市 | 2415 | 4.68 |
| 25 | 新疆维吾尔自治区 | 2360 | 4.45 |
| 26 | 北京市 | 2171 | 6.36 |
| 27 | 天津市 | 1547 | 3.75 |
| 28 | 海南省 | 911 | 2.63 |
| 29 | 宁夏回族自治区 | 668 | 5.84 |
| 30 | 青海省 | 588 | 5.44 |
| 31 | 西藏自治区 | 324 | 2.47 |

分析调研的36个直辖市、省会（首府）城市、计划单列市的数据发现，博物馆数量与

年末常住人口数量呈显著相关，皮尔逊相关系数达到0.534，二者中度相关，即年末常住人口数量多的城市，博物馆数量较多，见表2-37、图2-27。博物馆数量超过50个的城市有11个，占比为30.56%，其中北京市、上海市拥有的博物馆超过100个。

**表2-37　36个直辖市、省会（首府）城市、计划单列市的年末常住人口数量和博物馆数量**

| 序号 | 直辖市、省会（首府）城市、计划单列市名称 | 年末常住人口数量（万人） | 博物馆数量（个） |
|---|---|---|---|
| 1 | 重庆市 | 3016.55 | 64 |
| 2 | 上海市 | 2415.27 | 113 |
| 3 | 北京市 | 2170.50 | 138 |
| 4 | 天津市 | 1546.95 | 58 |
| 5 | 成都市 | 1465.80 | 87 |
| 6 | 广州市 | 1350.11 | 47 |
| 7 | 深圳市 | 1137.89 | 41 |
| 8 | 哈尔滨市 | 1098.08 | 72 |
| 9 | 石家庄市 | 1070.16 | 15 |
| 10 | 武汉市 | 1060.77 | 77 |
| 11 | 郑州市 | 956.89 | 30 |
| 12 | 青岛市 | 909.70 | 60 |
| 13 | 杭州市 | 901.80 | 53 |
| 14 | 西安市 | 870.56 | 81 |
| 15 | 沈阳市 | 829.10 | 17 |
| 16 | 南京市 | 823.59 | 43 |
| 17 | 宁波市 | 782.50 | 66 |
| 18 | 长春市 | 779.30 | 28 |
| 19 | 合肥市 | 779.00 | 23 |
| 20 | 福州市 | 749.00 | 25 |
| 21 | 长沙市 | 743.18 | 25 |
| 22 | 济南市 | 713.20 | 29 |

续表

| 序号 | 直辖市、省会（首府）城市、计划单列市名称 | 年末常住人口数量（万人） | 博物馆数量（个） |
|---|---|---|---|
| 23 | 大连市 | 698.70 | 26 |
| 24 | 南宁市 | 698.61 | 10 |
| 25 | 昆明市 | 667.70 | 24 |
| 26 | 南昌市 | 530.29 | 19 |
| 27 | 贵阳市 | 462.18 | 12 |
| 28 | 太原市 | 431.87 | 12 |
| 29 | 厦门市 | 385.00 | 9 |
| 30 | 兰州市 | 369.31 | 23 |
| 31 | 乌鲁木齐市 | 355.00 | 7 |
| 32 | 呼和浩特市 | 306.00 | 38 |
| 33 | 西宁市 | 231.08 | 13 |
| 34 | 海口市 | 222.30 | 6 |
| 35 | 银川市 | 216.41 | 17 |
| 36 | 拉萨市 | 53.03 | 4 |

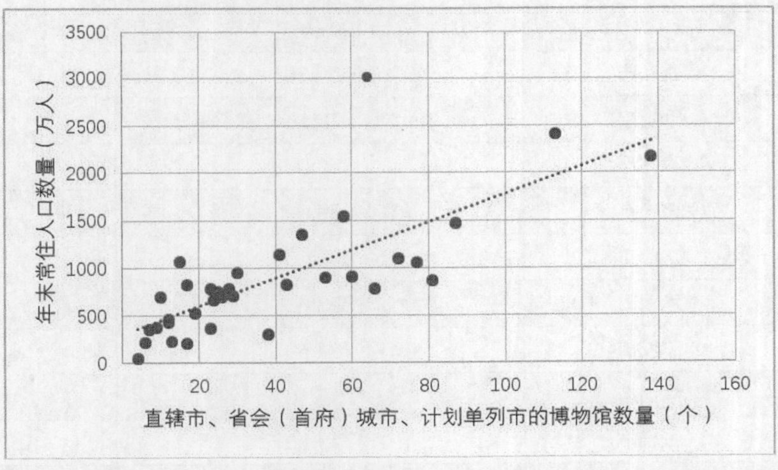


**图 2-27　36 个直辖市、省会（首府）城市、计划单列市的博物馆数量和年末常住人口数量散点图**

分析调研的 69 个大中城市的数据发现，博物馆数量与年末常住人口数量呈显著相关，斯皮尔曼相关系数达到 0.693，二者中度相关，即年末常住人口数量多的城市，博物馆数量越多，见表 2-38、图 2-28。博物馆数量超过 50 个的城市有 12 个，占比为 17.40%。

**表 2–38　69 个大中城市的年末常住人口数量和博物馆数量**

| 序号 | 城市名称 | 年末常住人口数量（万人） | 博物馆数量（个） |
|---|---|---|---|
| 1 | 重庆市 | 3016.55 | 64 |
| 2 | 上海市 | 2415.27 | 113 |
| 3 | 北京市 | 2170.50 | 138 |
| 4 | 天津市 | 1546.95 | 58 |
| 5 | 成都市 | 1465.80 | 87 |
| 6 | 广州市 | 1350.11 | 47 |
| 7 | 深圳市 | 1137.89 | 41 |
| 8 | 哈尔滨市 | 1098.08 | 72 |
| 9 | 石家庄市 | 1070.16 | 15 |
| 10 | 武汉市 | 1060.77 | 77 |
| 11 | 赣州市 | 960.63 | 19 |
| 12 | 郑州市 | 956.89 | 30 |
| 13 | 温州市 | 911.70 | 29 |
| 14 | 青岛市 | 909.70 | 60 |
| 15 | 杭州市 | 901.80 | 53 |
| 16 | 西安市 | 870.56 | 81 |
| 17 | 泉州市 | 850.00 | 15 |
| 18 | 济宁市 | 829.92 | 28 |
| 19 | 沈阳市 | 829.10 | 17 |
| 20 | 南京市 | 823.59 | 43 |
| 21 | 宁波市 | 782.50 | 66 |
| 22 | 唐山市 | 780.10 | 18 |
| 23 | 长春市 | 779.30 | 28 |
| 24 | 合肥市 | 779.00 | 23 |

续表

| 序号 | 城市名称 | 年末常住人口数量（万人） | 博物馆数量（个） |
|---|---|---|---|
| 25 | 福州市 | 749.00 | 25 |
| 26 | 长沙市 | 743.18 | 25 |
| 27 | 湛江市 | 724.14 | 6 |
| 28 | 济南市 | 713.20 | 29 |
| 29 | 烟台市 | 701.41 | 28 |
| 30 | 大连市 | 698.70 | 26 |
| 31 | 南宁市 | 698.61 | 10 |
| 32 | 洛阳市 | 674.30 | 48 |
| 33 | 昆明市 | 667.70 | 24 |
| 34 | 无锡市 | 651.10 | 57 |
| 35 | 南充市 | 636.40 | 7 |
| 36 | 遵义市 | 619.20 | 16 |
| 37 | 常德市 | 584.39 | 11 |
| 38 | 岳阳市 | 562.92 | 12 |
| 39 | 襄阳市 | 561.40 | 8 |
| 40 | 金华市 | 545.40 | 25 |
| 41 | 安庆市 | 543.60 | 16 |
| 42 | 南昌市 | 530.29 | 19 |
| 43 | 桂林市 | 496.16 | 20 |
| 44 | 九江市 | 482.58 | 18 |
| 45 | 惠州市 | 475.55 | 10 |
| 46 | 贵阳市 | 462.18 | 12 |
| 47 | 扬州市 | 448.36 | 15 |
| 48 | 太原市 | 431.87 | 12 |
| 49 | 泸州市 | 428.52 | 7 |
| 50 | 吉林市 | 426.24 | 16 |
| 51 | 宜昌市 | 411.50 | 18 |
| 52 | 平顶山市 | 403.40 | 13 |

续表

| 序号 | 城市名称 | 年末常住人口数量（万人） | 博物馆数量（个） |
|---|---|---|---|
| 53 | 厦门市 | 385.00 | 9 |
| 54 | 兰州市 | 369.31 | 23 |
| 55 | 乌鲁木齐市 | 355.00 | 7 |
| 56 | 蚌埠市 | 329.10 | 5 |
| 57 | 秦皇岛市 | 307.32 | 3 |
| 58 | 锦州市 | 306.80 | 6 |
| 59 | 呼和浩特市 | 306.00 | 38 |
| 60 | 韶关市 | 293.15 | 9 |
| 61 | 包头市 | 282.90 | 8 |
| 62 | 牡丹江市 | 276.40 | 20 |
| 63 | 丹东市 | 244.47 | 4 |
| 64 | 西宁市 | 231.08 | 13 |
| 65 | 海口市 | 222.30 | 6 |
| 66 | 银川市 | 216.41 | 17 |
| 67 | 北海市 | 162.57 | 1 |
| 68 | 三亚市 | 74.89 | 6 |
| 69 | 拉萨市 | 53.03 | 4 |

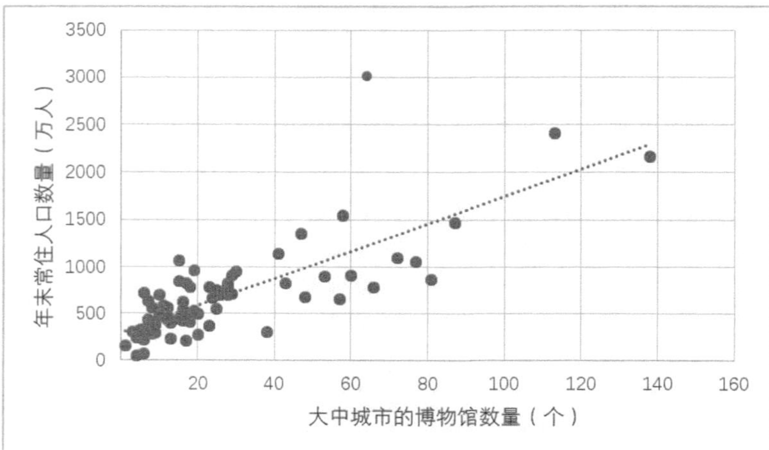


图 2-28　69 个大中城市的博物馆数量和年末常住人口数量散点图

### 2. 博物馆数量与人口密度的关系

分析调研的31个省（自治区、直辖市）的数据发现，博物馆数量与人口密度的相关性存在边际显著（$p$=0.058），斯皮尔曼相关系数为0.344，见表2-39。

表2-39 31个省（自治区、直辖市）的人口密度和博物馆数量

| 序号 | 省、自治区、直辖市名称 | 人口密度（人/平方千米） | 博物馆数量（个） |
|---|---|---|---|
| 1 | 上海市 | 4163.79 | 113 |
| 2 | 天津市 | 1406.36 | 58 |
| 3 | 北京市 | 1292.26 | 138 |
| 4 | 江苏省 | 797.60 | 276 |
| 5 | 山东省 | 656.47 | 349 |
| 6 | 广东省 | 602.72 | 263 |
| 7 | 河南省 | 592.50 | 270 |
| 8 | 浙江省 | 553.90 | 289 |
| 9 | 安徽省 | 472.62 | 189 |
| 10 | 河北省 | 390.79 | 96 |
| 11 | 重庆市 | 366.59 | 64 |
| 12 | 湖北省 | 325.11 | 205 |
| 13 | 湖南省 | 323.00 | 134 |
| 14 | 福建省 | 319.92 | 117 |
| 15 | 辽宁省 | 292.13 | 100 |
| 16 | 江西省 | 285.38 | 141 |
| 17 | 海南省 | 267.94 | 24 |
| 18 | 山西省 | 244.27 | 126 |
| 19 | 广西壮族自治区 | 208.52 | 101 |
| 20 | 贵州省 | 207.65 | 83 |
| 21 | 陕西省 | 199.63 | 240 |
| 22 | 四川省 | 170.92 | 222 |

续表

| 序号 | 省、自治区、直辖市名称 | 人口密度（人 / 平方千米） | 博物馆数量（个） |
| --- | --- | --- | --- |
| 23 | 吉林省 | 152.94 | 108 |
| 24 | 云南省 | 124.79 | 105 |
| 25 | 宁夏回族自治区 | 101.21 | 39 |
| 26 | 黑龙江省 | 82.87 | 195 |
| 27 | 甘肃省 | 66.67 | 189 |
| 28 | 内蒙古自治区 | 22.83 | 199 |
| 29 | 新疆维吾尔自治区 | 14.75 | 105 |
| 30 | 青海省 | 8.17 | 32 |
| 31 | 西藏自治区 | 2.70 | 8 |

## 2.2.4 科技馆数量与人口数量和人口密度的关系

### 1. 科技馆数量与人口数量的关系

分析调研的 31 个省（自治区、直辖市）的数据发现，科技馆数量与年末常住人口数量呈显著相关，斯皮尔曼相关系数达到 0.545，二者中度相关，即年末常住人口数量多的地区，科技馆数量较多，见表 2-40、图 2-29。每百万人拥有的科技馆数量超过 1 个的地区有 2 个，占比为 6.45%，见表 2-41。

表 2-40　31 个省（自治区、直辖市）的年末常住人口数量和科技馆数量

| 序号 | 省、自治区、直辖市名称 | 年末常住人口数量（万人） | 科技馆数量（个） |
| --- | --- | --- | --- |
| 1 | 广东省 | 10849 | 29 |
| 2 | 山东省 | 9847 | 13 |
| 3 | 河南省 | 9480 | 10 |
| 4 | 四川省 | 8204 | 7 |

续表

| 序号 | 省、自治区、直辖市名称 | 年末常住人口数量（万人） | 科技馆数量（个） |
| --- | --- | --- | --- |
| 5 | 江苏省 | 7976 | 26 |
| 6 | 河北省 | 7425 | 9 |
| 7 | 湖南省 | 6783 | 5 |
| 8 | 安徽省 | 6144 | 11 |
| 9 | 湖北省 | 5852 | 67 |
| 10 | 浙江省 | 5539 | 22 |
| 11 | 广西壮族自治区 | 4796 | 3 |
| 12 | 云南省 | 4742 | 7 |
| 13 | 江西省 | 4566 | 8 |
| 14 | 辽宁省 | 4382 | 15 |
| 15 | 福建省 | 3839 | 13 |
| 16 | 黑龙江省 | 3812 | 11 |
| 17 | 陕西省 | 3793 | 7 |
| 18 | 山西省 | 3664 | 3 |
| 19 | 贵州省 | 3530 | 2 |
| 20 | 重庆市 | 3017 | 2 |
| 21 | 吉林省 | 2753 | 35 |
| 22 | 甘肃省 | 2600 | 3 |
| 23 | 内蒙古自治区 | 2511 | 17 |
| 24 | 上海市 | 2415 | 6 |
| 25 | 新疆维吾尔自治区 | 2360 | 13 |
| 26 | 北京市 | 2171 | 9 |
| 27 | 天津市 | 1547 | 3 |
| 28 | 海南省 | 911 | 1 |

续表

| 序号 | 省、自治区、直辖市名称 | 年末常住人口数量（万人） | 科技馆数量（个） |
|---|---|---|---|
| 29 | 宁夏回族自治区 | 668 | 2 |
| 30 | 青海省 | 588 | 1 |
| 31 | 西藏自治区 | 324 | 1 |

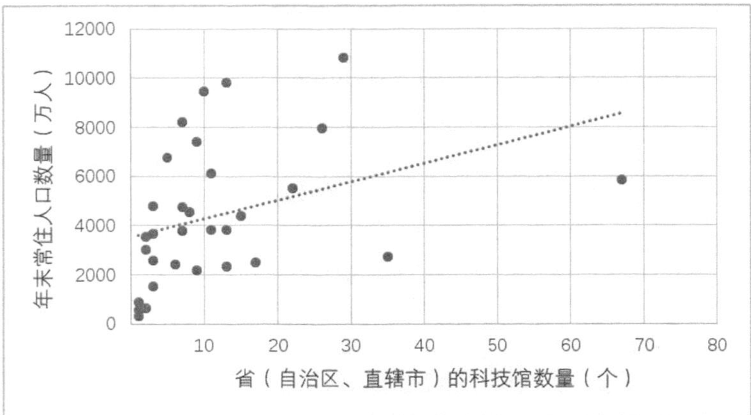


图 2-29　31 个省（自治区、直辖市）的科技馆数量和年末常住人口数量散点图

表 2-41　31 个省（自治区、直辖市）的年末常住人口数量和每百万人拥有的科技馆数量

| 序号 | 省、自治区、直辖市名称 | 年末常住人口数量（万人） | 科技馆百万人均拥有量（个 / 百万人） |
|---|---|---|---|
| 1 | 广东省 | 10849 | 0.27 |
| 2 | 山东省 | 9847 | 0.13 |
| 3 | 河南省 | 9480 | 0.11 |
| 4 | 四川省 | 8204 | 0.09 |
| 5 | 江苏省 | 7976 | 0.33 |
| 6 | 河北省 | 7425 | 0.12 |
| 7 | 湖南省 | 6783 | 0.07 |
| 8 | 安徽省 | 6144 | 0.18 |

续表

| 序号 | 省、自治区、直辖市名称 | 年末常住人口数量（万人） | 科技馆百万人均拥有量（个/百万人） |
|---|---|---|---|
| 9 | 湖北省 | 5852 | 1.14 |
| 10 | 浙江省 | 5539 | 0.40 |
| 11 | 广西壮族自治区 | 4796 | 0.06 |
| 12 | 云南省 | 4742 | 0.15 |
| 13 | 江西省 | 4566 | 0.18 |
| 14 | 辽宁省 | 4382 | 0.34 |
| 15 | 福建省 | 3839 | 0.34 |
| 16 | 黑龙江省 | 3812 | 0.29 |
| 17 | 陕西省 | 3793 | 0.18 |
| 18 | 山西省 | 3664 | 0.08 |
| 19 | 贵州省 | 3530 | 0.06 |
| 20 | 重庆市 | 3017 | 0.07 |
| 21 | 吉林省 | 2753 | 1.27 |
| 22 | 甘肃省 | 2600 | 0.12 |
| 23 | 内蒙古自治区 | 2511 | 0.68 |
| 24 | 上海市 | 2415 | 0.25 |
| 25 | 新疆维吾尔自治区 | 2360 | 0.55 |
| 26 | 北京市 | 2171 | 0.41 |
| 27 | 天津市 | 1547 | 0.19 |
| 28 | 海南省 | 911 | 0.11 |
| 29 | 宁夏回族自治区 | 668 | 0.30 |
| 30 | 青海省 | 588 | 0.17 |
| 31 | 西藏自治区 | 324 | 0.31 |

调研的 31 个省（自治区、直辖市）的科技馆的平均覆盖人数基本都达到 70 万人以上，如图 2-30 所示。

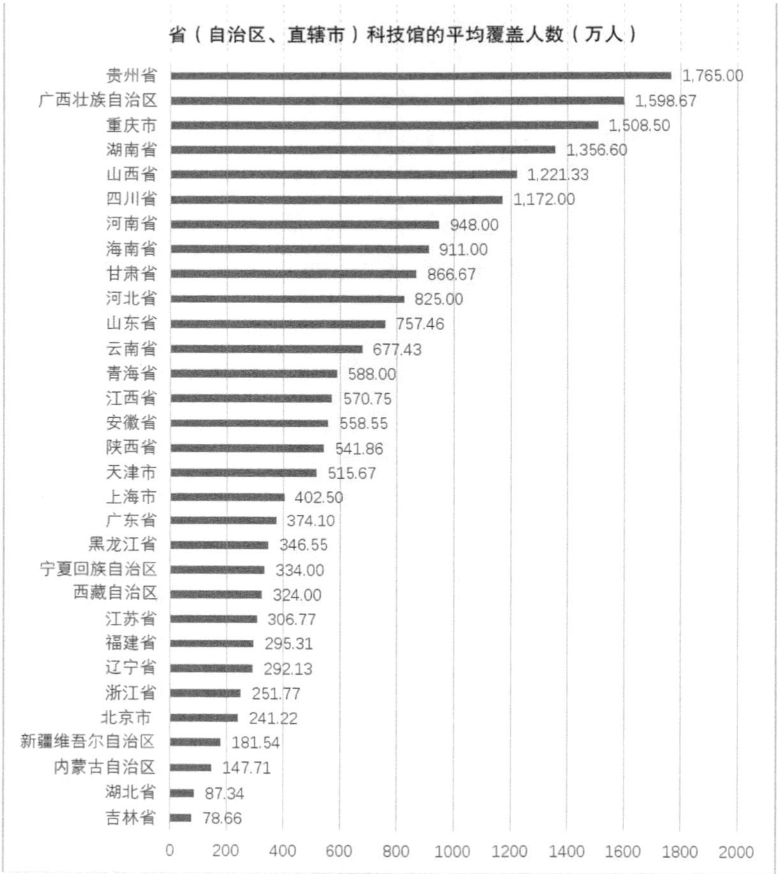


**图 2-30　31 个省（自治区、直辖市）科技馆的平均覆盖人数**

分析调研的 36 个直辖市、计划单列市、省会（首府）城市的科技馆数量与常住人口数可以发现，科技馆的分布与人口数量呈显著相关，斯皮尔曼相关系数达到 0.522，二者中度相关，即常住人口数量多的城市，科技馆数量较多。每个城市科技馆覆盖人数[①]均大于 50 万人，如图 2-31 所示。

① 拉萨市人口数用的是 2015 年底的户籍人口数，兰州市科技馆数量为 0，未在表中列出。

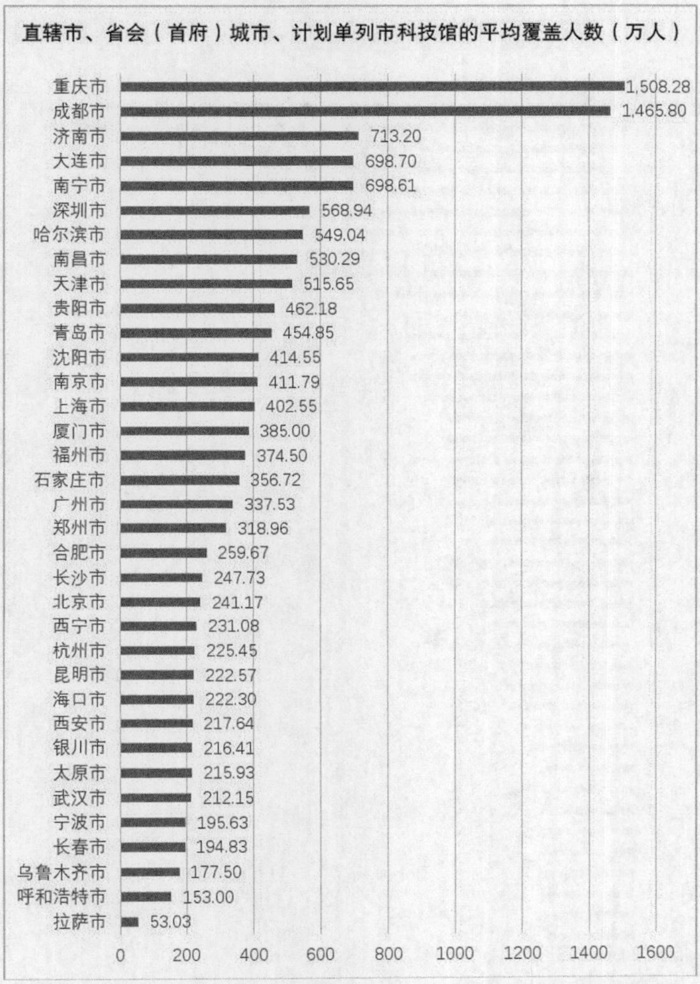


**图 2-31　直辖市、省会（首府）城市、计划单列市科技馆的平均覆盖人数**

分析调研的 69 个大中城市的数据发现，不同城市科技馆覆盖人数[①]差异大，除宜昌外，每个城市科技馆覆盖人数[②]均大于 50 万人。宜昌的科技馆覆盖人数为 45.72 万人，如图 2-32 所示。

---

① 拉萨市、吉林市、赣州市的人口数用的是户籍人口数，兰州市、洛阳市、平顶山市、牡丹江市、济宁市、秦皇岛市、九江市、常德市、桂林市、北海市、三亚市、泸州市、遵义市的科技馆数量为 0，未在图 2-32 中列出。

② 拉萨市人口数用的是 2015 年底的户籍人口数，兰州市科技馆数量为 0，未在图 2-32 中列出。

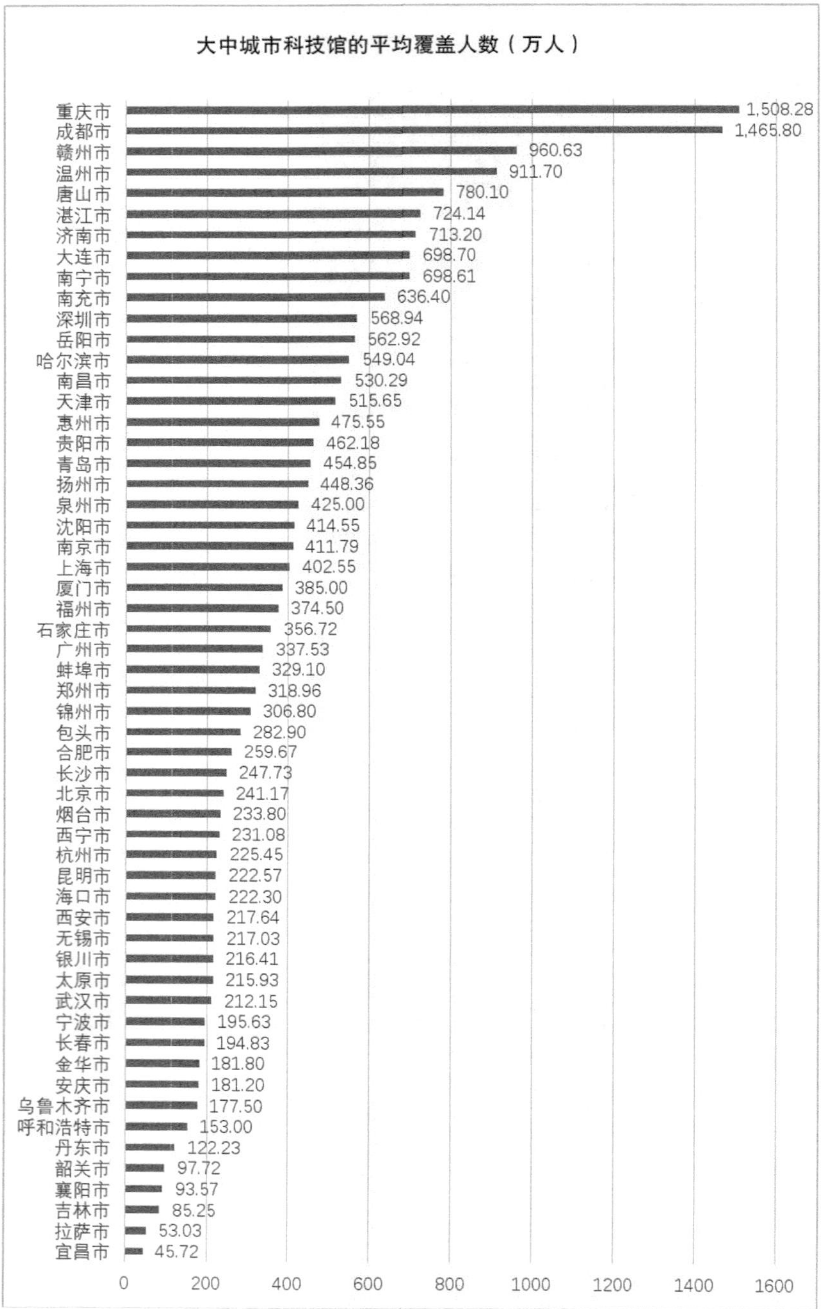


图 2-32 大中城市科技馆的平均覆盖人数

分析调研的36个直辖市、省会（首府）城市、计划单列市的年末常住人口数量与科技馆数量发现，科技馆的分布与人口数量呈显著相关，斯皮尔曼相关系数达到0.522，二者中度相关，即年末常住人口数量较多的城市，科技馆数量较多，如表2-42所示。

表2-42 36个直辖市、省会（首府）城市、计划单列市的年末常住人口数量和科技馆数量

| 序号 | 直辖市、省会（首府）城市、计划单列市名称 | 年末常住人口数量（万人） | 科技馆数量（个） |
|---|---|---|---|
| 1 | 重庆市 | 3016.55 | 2 |
| 2 | 上海市 | 2415.27 | 6 |
| 3 | 北京市 | 2170.50 | 9 |
| 4 | 天津市 | 1546.95 | 3 |
| 5 | 成都市 | 1465.80 | 1 |
| 6 | 广州市 | 1350.11 | 4 |
| 7 | 深圳市 | 1137.89 | 2 |
| 8 | 哈尔滨市 | 1098.08 | 2 |
| 9 | 石家庄市 | 1070.16 | 3 |
| 10 | 武汉市 | 1060.77 | 5 |
| 11 | 郑州市 | 956.89 | 3 |
| 12 | 青岛市 | 909.70 | 2 |
| 13 | 杭州市 | 901.80 | 4 |
| 14 | 西安市 | 870.56 | 4 |
| 15 | 沈阳市 | 829.10 | 2 |
| 16 | 南京市 | 823.59 | 2 |
| 17 | 宁波市 | 782.50 | 4 |
| 18 | 长春市 | 779.30 | 4 |
| 19 | 合肥市 | 779.00 | 3 |
| 20 | 福州市 | 749.00 | 2 |
| 21 | 长沙市 | 743.18 | 3 |
| 22 | 济南市 | 713.20 | 1 |

续表

| 序号 | 直辖市、省会（首府）城市、计划单列市名称 | 年末常住人口数量（万人） | 科技馆数量（个） |
|---|---|---|---|
| 23 | 大连市 | 698.70 | 1 |
| 24 | 南宁市 | 698.61 | 1 |
| 25 | 昆明市 | 667.70 | 3 |
| 26 | 南昌市 | 530.29 | 1 |
| 27 | 贵阳市 | 462.18 | 1 |
| 28 | 太原市 | 431.87 | 2 |
| 29 | 厦门市 | 385.00 | 1 |
| 30 | 兰州市 | 369.31 | 0 |
| 31 | 乌鲁木齐市 | 355.00 | 2 |
| 32 | 呼和浩特市 | 306.00 | 2 |
| 33 | 西宁市 | 231.08 | 1 |
| 34 | 海口市 | 222.30 | 1 |
| 35 | 银川市 | 216.41 | 1 |
| 36 | 拉萨市 | 53.03 | 1 |

分析调研的 69 个大中城市的数据发现，科技馆数量与年末常住人口数量呈显著相关，斯皮尔曼相关系数达到 0.418，二者中度相关，即年末常住人口数量多的城市，科技馆数量较多，见表 2-43、图 2-33。其中有 13 个城市没有建设科技馆，占比为 18.84%。

**表 2-43　69 个大中城市的年末常住人口数量和科技馆数量**

| 序号 | 城市名称 | 年末常住人口数量（万人） | 科技馆数量（个） |
|---|---|---|---|
| 1 | 重庆市 | 3016.55 | 2 |
| 2 | 上海市 | 2415.27 | 6 |
| 3 | 北京市 | 2170.50 | 9 |
| 4 | 天津市 | 1546.95 | 3 |
| 5 | 成都市 | 1465.80 | 1 |
| 6 | 广州市 | 1350.11 | 4 |
| 7 | 深圳市 | 1137.89 | 2 |

续表

| 序号 | 城市名称 | 年末常住人口数量（万人） | 科技馆数量（个） |
| --- | --- | --- | --- |
| 8 | 哈尔滨市 | 1098.08 | 2 |
| 9 | 石家庄市 | 1070.16 | 3 |
| 10 | 武汉市 | 1060.77 | 5 |
| 11 | 赣州市 | 960.63 | 1 |
| 12 | 郑州市 | 956.89 | 3 |
| 13 | 温州市 | 911.70 | 1 |
| 14 | 青岛市 | 909.70 | 2 |
| 15 | 杭州市 | 901.80 | 4 |
| 16 | 西安市 | 870.56 | 4 |
| 17 | 泉州市 | 850.00 | 2 |
| 18 | 济宁市 | 829.92 | 0 |
| 19 | 沈阳市 | 829.10 | 2 |
| 20 | 南京市 | 823.59 | 2 |
| 21 | 宁波市 | 782.50 | 4 |
| 22 | 唐山市 | 780.10 | 1 |
| 23 | 长春市 | 779.30 | 4 |
| 24 | 合肥市 | 779.00 | 3 |
| 25 | 福州市 | 749.00 | 2 |
| 26 | 长沙市 | 743.18 | 3 |
| 27 | 湛江市 | 724.14 | 1 |
| 28 | 济南市 | 713.20 | 1 |
| 29 | 烟台市 | 701.41 | 3 |
| 30 | 大连市 | 698.70 | 1 |
| 31 | 南宁市 | 698.61 | 1 |

续表

| 序号 | 城市名称 | 年末常住人口数量（万人） | 科技馆数量（个） |
|---|---|---|---|
| 32 | 洛阳市 | 674.30 | 0 |
| 33 | 昆明市 | 667.70 | 3 |
| 34 | 无锡市 | 651.10 | 3 |
| 35 | 南充市 | 636.40 | 1 |
| 36 | 遵义市 | 619.20 | 0 |
| 37 | 常德市 | 584.39 | 0 |
| 38 | 岳阳市 | 562.92 | 1 |
| 39 | 襄阳市 | 561.40 | 6 |
| 40 | 金华市 | 545.40 | 3 |
| 41 | 安庆市 | 543.60 | 3 |
| 42 | 南昌市 | 530.29 | 1 |
| 43 | 桂林市 | 496.16 | 0 |
| 44 | 九江市 | 482.58 | 0 |
| 45 | 惠州市 | 475.55 | 1 |
| 46 | 贵阳市 | 462.18 | 1 |
| 47 | 扬州市 | 448.36 | 1 |
| 48 | 太原市 | 431.87 | 2 |
| 49 | 泸州市 | 428.52 | 0 |
| 50 | 吉林市 | 426.24 | 5 |
| 51 | 宜昌市 | 411.50 | 9 |
| 52 | 平顶山市 | 403.40 | 0 |
| 53 | 厦门市 | 385.00 | 1 |
| 54 | 兰州市 | 369.31 | 0 |
| 55 | 乌鲁木齐市 | 355.00 | 2 |
| 56 | 蚌埠市 | 329.10 | 1 |
| 57 | 秦皇岛市 | 307.32 | 0 |

续表

| 序号 | 城市名称 | 年末常住人口数量（万人） | 科技馆数量（个） |
|---|---|---|---|
| 58 | 锦州市 | 306.80 | 1 |
| 59 | 呼和浩特市 | 306.00 | 2 |
| 60 | 韶关市 | 293.15 | 3 |
| 61 | 包头市 | 282.90 | 1 |
| 62 | 牡丹江市 | 276.40 | 0 |
| 63 | 丹东市 | 244.47 | 2 |
| 64 | 西宁市 | 231.08 | 1 |
| 65 | 海口市 | 222.30 | 1 |
| 66 | 银川市 | 216.41 | 1 |
| 67 | 北海市 | 162.57 | 0 |
| 68 | 三亚市 | 74.89 | 0 |
| 69 | 拉萨市 | 53.03 | 1 |

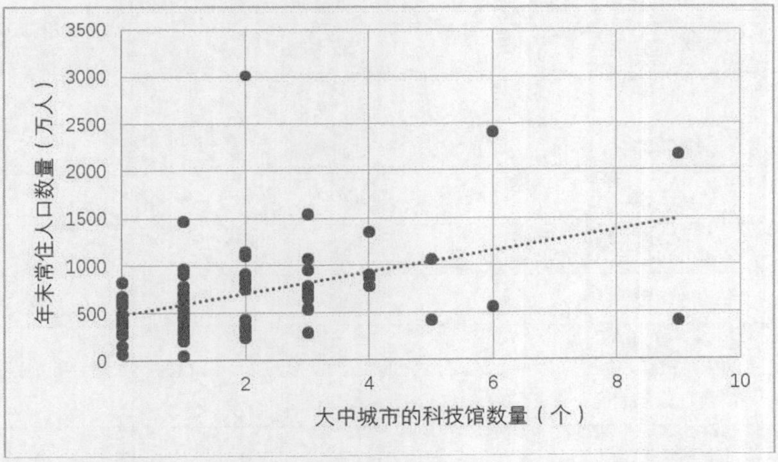


图 2-33　69 个大中城市的科技馆数量与年末常住人口数量散点图

## 2. 科技馆数量与人口密度的关系

分析调研的 31 个省（自治区、直辖市）的数据发现，科技馆数量与人口密度的相关性并不显著（$p$=0.101），斯皮尔曼相关系数为 0.300，见表 2-44。

**表 2-44　31 个省（自治区、直辖市）的人口密度和科技馆数量**

| 序号 | 省、自治区、直辖市名称 | 人口密度（人 / 平方千米） | 科技馆数量（个） |
|---|---|---|---|
| 1 | 上海市 | 4163.79 | 6 |
| 2 | 天津市 | 1406.36 | 3 |
| 3 | 北京市 | 1292.26 | 9 |
| 4 | 江苏省 | 797.60 | 26 |
| 5 | 山东省 | 656.47 | 13 |
| 6 | 广东省 | 602.72 | 29 |
| 7 | 河南省 | 592.50 | 10 |
| 8 | 浙江省 | 553.90 | 22 |
| 9 | 安徽省 | 472.62 | 11 |
| 10 | 河北省 | 390.79 | 9 |
| 11 | 重庆市 | 366.59 | 2 |
| 12 | 湖北省 | 325.11 | 67 |
| 13 | 湖南省 | 323.00 | 5 |
| 14 | 福建省 | 319.92 | 13 |
| 15 | 辽宁省 | 292.13 | 15 |
| 16 | 江西省 | 285.38 | 8 |
| 17 | 海南省 | 267.94 | 1 |
| 18 | 山西省 | 244.27 | 3 |
| 19 | 广西壮族自治区 | 208.52 | 3 |
| 20 | 贵州省 | 207.65 | 2 |
| 21 | 陕西省 | 199.63 | 7 |
| 22 | 四川省 | 170.92 | 7 |
| 23 | 吉林省 | 152.94 | 35 |
| 24 | 云南省 | 124.79 | 7 |

续表

| 序号 | 省、自治区、直辖市名称 | 人口密度（人/平方千米） | 科技馆数量（个） |
|---|---|---|---|
| 25 | 宁夏回族自治区 | 101.21 | 2 |
| 26 | 黑龙江省 | 82.87 | 11 |
| 27 | 甘肃省 | 66.67 | 3 |
| 28 | 内蒙古自治区 | 22.83 | 17 |
| 29 | 新疆维吾尔自治区 | 14.75 | 13 |
| 30 | 青海省 | 8.17 | 1 |
| 31 | 西藏自治区 | 2.70 | 1 |

# 2.3 场馆数量与专科及以上学历人口占劳动力人口的比例

## 2.3.1 场馆数量与专科及以上学历人口占劳动力人口的比例的关系

分析调研的 31 个省（自治区、直辖市）的数据发现，场馆数量与专科及以上学历人口占劳动力人口的比例[①]的相关性并不显著（$p$=0.684），见表 2-45、图 2-34。

表 2-45　31 个省（自治区、直辖市）的专科及以上学历人口占劳动力人口的比例和场馆数量

| 序号 | 省、自治区、直辖市名称 | 专科及以上学历人口占劳动力人口的比例 | 场馆数量（个） | 图书馆数量（个） | 博物馆数量（个） | 科技馆数量（个） |
|---|---|---|---|---|---|---|
| 1 | 北京市 | 52.70% | 344 | 197 | 138 | 9 |
| 2 | 上海市 | 43.90% | 244 | 125 | 113 | 6 |
| 3 | 天津市 | 34.40% | 193 | 132 | 58 | 3 |
| 4 | 浙江省 | 24.70% | 481 | 170 | 289 | 22 |

① 国家统计局．中国人口和就业统计年鉴［J］．北京：中国统计出版社，2016.

续表

| 序号 | 省、自治区、直辖市名称 | 专科及以上学历人口占劳动力人口的比例 | 场馆数量（个） | 图书馆数量（个） | 博物馆数量（个） | 科技馆数量（个） |
|---|---|---|---|---|---|---|
| 5 | 新疆维吾尔自治区 | 23.00% | 235 | 117 | 105 | 13 |
| 6 | 江苏省 | 22.90% | 578 | 276 | 276 | 26 |
| 7 | 山西省 | 20.80% | 296 | 167 | 126 | 3 |
| 8 | 辽宁省 | 20.00% | 343 | 228 | 100 | 15 |
| 9 | 宁夏回族自治区 | 19.40% | 72 | 31 | 39 | 2 |
| 10 | 重庆市 | 18.50% | 162 | 96 | 64 | 2 |
| 11 | 内蒙古自治区 | 18.10% | 359 | 143 | 199 | 17 |
| 12 | 黑龙江省 | 18.00% | 395 | 189 | 195 | 11 |
| 13 | 福建省 | 17.90% | 294 | 164 | 117 | 13 |
| 14 | 青海省 | 17.90% | 66 | 33 | 32 | 1 |
| 15 | 陕西省 | 17.60% | 388 | 141 | 240 | 7 |
| 16 | 广东省 | 17.30% | 571 | 279 | 263 | 29 |
| 17 | 湖北省 | 16.30% | 451 | 179 | 205 | 67 |
| 18 | 吉林省 | 15.80% | 301 | 158 | 108 | 35 |
| 19 | 河北省 | 15.70% | 306 | 201 | 96 | 9 |
| 20 | 湖南省 | 14.80% | 317 | 178 | 134 | 5 |
| 21 | 山东省 | 14.70% | 585 | 223 | 349 | 13 |
| 22 | 海南省 | 13.90% | 62 | 37 | 24 | 1 |
| 23 | 广西壮族自治区 | 13.50% | 250 | 146 | 101 | 3 |
| 24 | 甘肃省 | 13.40% | 268 | 76 | 189 | 3 |
| 25 | 安徽省 | 13.30% | 338 | 138 | 189 | 11 |
| 26 | 河南省 | 12.80% | 444 | 164 | 270 | 10 |
| 27 | 江西省 | 12.60% | 327 | 178 | 141 | 8 |
| 28 | 四川省 | 12.00% | 422 | 193 | 222 | 7 |
| 29 | 西藏自治区 | 10.00% | 12 | 3 | 8 | 1 |
| 30 | 云南省 | 9.90% | 248 | 136 | 105 | 7 |
| 31 | 贵州省 | 9.50% | 177 | 92 | 83 | 2 |

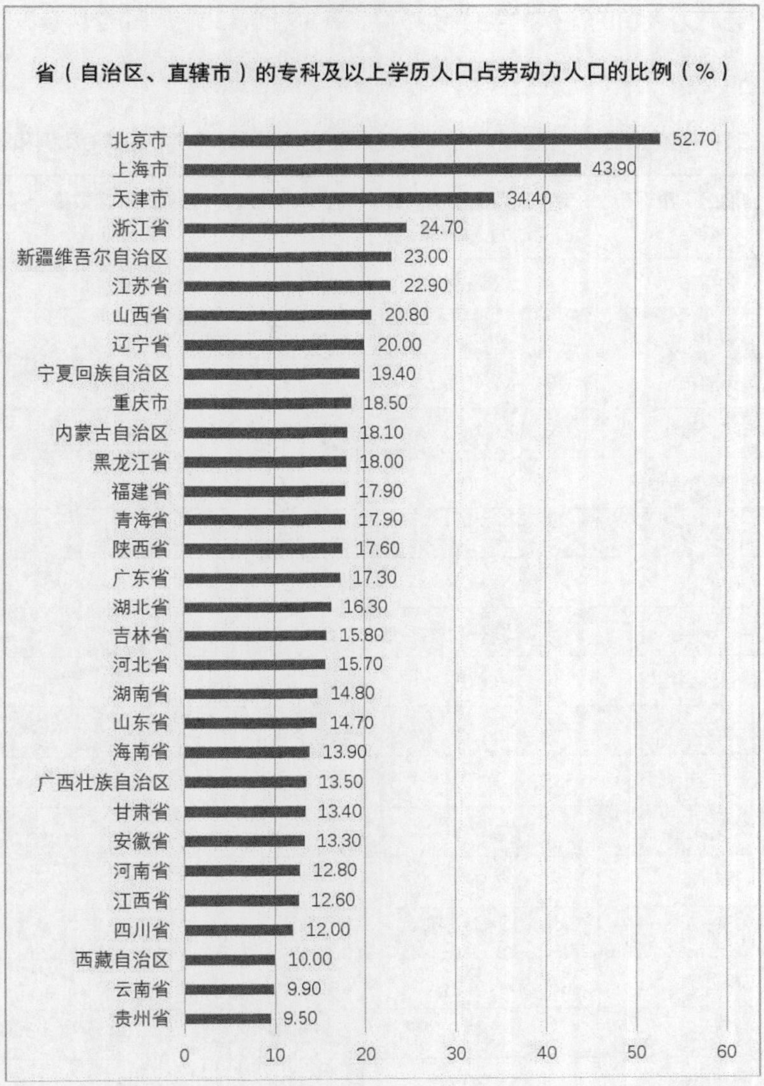


图 2-34　31 个省（自治区、直辖市）的专科及以上学历人口占劳动力人口的比例

## 2.3.2 图书馆数量与专科及以上学历人口占劳动力人口的比例的关系

分析调研的 31 个省（自治区、直辖市）的数据发现，图书馆数量与各地区的专科及以

上学历人口占劳动力人口的比例的关联度并不显著（$p$=0.432）。即专科及以上学历人口占劳动力人口的比例高的地区，图书馆数量不一定多，见表 2-46。

**表 2-46　31 个省（自治区、直辖市）的专科及以上学历人口占劳动力人口的比例和图书馆数量**

| 序号 | 省、自治区、直辖市名称 | 专科及以上学历人口占劳动力人口的比例 | 图书馆数量（个） | 公共图书馆数量（个） | 院校图书馆数量（个） |
|---|---|---|---|---|---|
| 1 | 北京市 | 52.70% | 197 | 28 | 169 |
| 2 | 上海市 | 43.90% | 125 | 41 | 84 |
| 3 | 天津市 | 34.40% | 132 | 28 | 104 |
| 4 | 浙江省 | 24.70% | 170 | 88 | 82 |
| 5 | 新疆维吾尔自治区 | 23.00% | 117 | 62 | 55 |
| 6 | 江苏省 | 22.90% | 276 | 89 | 187 |
| 7 | 山西省 | 20.80% | 167 | 76 | 91 |
| 8 | 辽宁省 | 20.00% | 228 | 90 | 138 |
| 9 | 宁夏回族自治区 | 19.40% | 31 | 16 | 15 |
| 10 | 重庆市 | 18.50% | 96 | 30 | 66 |
| 11 | 内蒙古自治区 | 18.10% | 143 | 88 | 55 |
| 12 | 黑龙江省 | 18.00% | 189 | 68 | 121 |
| 13 | 福建省 | 17.90% | 164 | 76 | 88 |
| 14 | 青海省 | 17.90% | 33 | 18 | 15 |
| 15 | 陕西省 | 17.60% | 141 | 61 | 80 |
| 16 | 广东省 | 17.30% | 279 | 126 | 153 |
| 17 | 湖北省 | 16.30% | 179 | 85 | 94 |
| 18 | 吉林省 | 15.80% | 158 | 52 | 106 |
| 19 | 河北省 | 15.70% | 201 | 80 | 121 |
| 20 | 湖南省 | 14.80% | 178 | 86 | 92 |
| 21 | 山东省 | 14.70% | 223 | 101 | 122 |
| 22 | 海南省 | 13.90% | 37 | 16 | 21 |

续表

| 序号 | 省、自治区、直辖市名称 | 专科及以上学历人口占劳动力人口的比例 | 图书馆数量（个） | 公共图书馆数量（个） | 院校图书馆数量（个） |
|---|---|---|---|---|---|
| 23 | 广西壮族自治区 | 13.50% | 146 | 77 | 69 |
| 24 | 甘肃省 | 13.40% | 76 | 28 | 48 |
| 25 | 安徽省 | 13.30% | 138 | 73 | 65 |
| 26 | 河南省 | 12.80% | 164 | 69 | 95 |
| 27 | 江西省 | 12.60% | 178 | 89 | 89 |
| 28 | 四川省 | 12.00% | 193 | 86 | 107 |
| 29 | 西藏自治区 | 10.00% | 3 | 1 | 2 |
| 30 | 云南省 | 9.90% | 136 | 94 | 42 |
| 31 | 贵州省 | 9.50% | 92 | 50 | 42 |

### 2.3.3 博物馆数量与专科及以上学历人口占劳动力人口的比例的关系

分析调研的31个省（自治区、直辖市）的数据发现，博物馆数量与各省份专科及以上学历人口占劳动力人口的比例的关联度并不显著（$p$=0.877）。即专科及以上学历人口占劳动力人口的比例高的省份，博物馆数量不一定多，见表2-47。

**表2-47 31个省（自治区、直辖市）的专科及以上学历人口占劳动力人口的比例和博物馆数量**

| 序号 | 省、自治区、直辖市名称 | 专科及以上学历人口占劳动力人口的比例 | 博物馆数量（个） |
|---|---|---|---|
| 1 | 北京市 | 52.70% | 138 |
| 2 | 上海市 | 43.90% | 113 |
| 3 | 天津市 | 34.40% | 58 |
| 4 | 浙江省 | 24.70% | 289 |
| 5 | 新疆维吾尔自治区 | 23.00% | 105 |
| 6 | 江苏省 | 22.90% | 276 |

续表

| 序号 | 省、自治区、直辖市名称 | 专科及以上学历人口占劳动力人口的比例 | 博物馆数量（个） |
| --- | --- | --- | --- |
| 7 | 山西省 | 20.80% | 126 |
| 8 | 辽宁省 | 20.00% | 100 |
| 9 | 宁夏回族自治区 | 19.40% | 39 |
| 10 | 重庆市 | 18.50% | 64 |
| 11 | 内蒙古自治区 | 18.10% | 199 |
| 12 | 黑龙江省 | 18.00% | 195 |
| 13 | 福建省 | 17.90% | 117 |
| 14 | 青海省 | 17.90% | 32 |
| 15 | 陕西省 | 17.60% | 240 |
| 16 | 广东省 | 17.30% | 263 |
| 17 | 湖北省 | 16.30% | 205 |
| 18 | 吉林省 | 15.80% | 108 |
| 19 | 河北省 | 15.70% | 96 |
| 20 | 湖南省 | 14.80% | 134 |
| 21 | 山东省 | 14.70% | 349 |
| 22 | 海南省 | 13.90% | 24 |
| 23 | 广西壮族自治区 | 13.50% | 101 |
| 24 | 甘肃省 | 13.40% | 189 |
| 25 | 安徽省 | 13.30% | 189 |
| 26 | 河南省 | 12.80% | 270 |
| 27 | 江西省 | 12.60% | 141 |
| 28 | 四川省 | 12.00% | 222 |
| 29 | 西藏自治区 | 10.00% | 8 |
| 30 | 云南省 | 9.90% | 105 |
| 31 | 贵州省 | 9.50% | 83 |

## 2.3.4 科技馆数量与专科及以上学历人口占劳动力人口的比例的关系

分析调研的31个省（自治区、直辖市）的数据发现，科技馆数量与各省份的专科及以上学历人口占劳动力人口的比例不相关（$p$=0.203）。即专科及以上学历人口占劳动力人口的比例高的省份，科技馆数量不一定多，见表2-48。

表2-48 31个省（自治区、直辖市）的专科及以上学历人口占劳动力人口的比例和科技馆数量

| 序号 | 省、自治区、直辖市名称 | 专科及以上学历人口占劳动力人口的比例 | 科技馆数量（个） |
| --- | --- | --- | --- |
| 1 | 北京市 | 52.70% | 9 |
| 2 | 上海市 | 43.90% | 6 |
| 3 | 天津市 | 34.40% | 3 |
| 4 | 浙江省 | 24.70% | 22 |
| 5 | 新疆维吾尔自治区 | 23.00% | 13 |
| 6 | 江苏省 | 22.90% | 26 |
| 7 | 山西省 | 20.80% | 3 |
| 8 | 辽宁省 | 20.00% | 15 |
| 9 | 宁夏回族自治区 | 19.40% | 2 |
| 10 | 重庆市 | 18.50% | 2 |
| 11 | 内蒙古自治区 | 18.10% | 17 |
| 12 | 黑龙江省 | 18.00% | 11 |
| 13 | 福建省 | 17.90% | 13 |
| 14 | 青海省 | 17.90% | 1 |
| 15 | 陕西省 | 17.60% | 7 |
| 16 | 广东省 | 17.30% | 29 |
| 17 | 湖北省 | 16.30% | 67 |
| 18 | 吉林省 | 15.80% | 35 |
| 19 | 河北省 | 15.70% | 9 |
| 20 | 湖南省 | 14.80% | 5 |

续表

| 序号 | 省、自治区、直辖市名称 | 专科及以上学历人口占劳动力人口的比例 | 科技馆数量（个） |
|---|---|---|---|
| 21 | 山东省 | 14.70% | 13 |
| 22 | 海南省 | 13.90% | 1 |
| 23 | 广西壮族自治区 | 13.50% | 3 |
| 24 | 甘肃省 | 13.40% | 3 |
| 25 | 安徽省 | 13.30% | 11 |
| 26 | 河南省 | 12.80% | 10 |
| 27 | 江西省 | 12.60% | 8 |
| 28 | 四川省 | 12.00% | 7 |
| 29 | 西藏自治区 | 10.00% | 1 |
| 30 | 云南省 | 9.90% | 7 |
| 31 | 贵州省 | 9.50% | 2 |

## 2.4 场馆数量与双创指数

本研究中的创新创业指数（以下简称双创指数）来自 2017 年 11 月中国科学院大数据挖掘与知识管理重点实验室、36 氪、中关村科技园区管理委员会、中国经济研究院联合发布的数据。

### 2.4.1 场馆数量与双创指数的关系

分析调研的 31 个省（自治区、直辖市）的数据发现，场馆数量与双创指数呈显著性相关，皮尔逊相关系数为 0.665，二者中度相关。即双创指数高的地区，场馆数量较多，见表 2-49、图 2-35、图 2-36。

表2-49 31个省(自治区、直辖市)的双创指数和场馆数量

| 序号 | 省、自治区、直辖市名称 | 双创指数 | 场馆数量(个) | 图书馆数量(个) | 博物馆数量(个) | 科技馆数量(个) |
|---|---|---|---|---|---|---|
| 1 | 北京市 | 666 | 344 | 197 | 138 | 9 |
| 2 | 上海市 | 657 | 244 | 125 | 113 | 6 |
| 3 | 广东省 | 621 | 571 | 279 | 263 | 29 |
| 4 | 浙江省 | 597 | 481 | 170 | 289 | 22 |
| 5 | 江苏省 | 552 | 578 | 276 | 276 | 26 |
| 6 | 山东省 | 479 | 585 | 223 | 349 | 13 |
| 7 | 福建省 | 464 | 294 | 164 | 117 | 13 |
| 8 | 四川省 | 457 | 422 | 193 | 222 | 7 |
| 9 | 湖北省 | 443 | 451 | 179 | 205 | 67 |
| 10 | 辽宁省 | 439 | 343 | 228 | 100 | 15 |
| 11 | 安徽省 | 417 | 338 | 138 | 189 | 11 |
| 12 | 天津市 | 408 | 193 | 132 | 58 | 3 |
| 13 | 湖南省 | 396 | 317 | 178 | 134 | 5 |
| 14 | 河南省 | 353 | 444 | 164 | 270 | 10 |
| 15 | 河北省 | 343 | 306 | 201 | 96 | 9 |
| 16 | 陕西省 | 330 | 388 | 141 | 240 | 7 |
| 17 | 江西省 | 329 | 327 | 178 | 141 | 8 |
| 18 | 重庆市 | 290 | 162 | 96 | 64 | 2 |
| 19 | 云南省 | 274 | 248 | 136 | 105 | 7 |
| 20 | 吉林省 | 272 | 301 | 158 | 108 | 35 |
| 21 | 新疆维吾尔自治区 | 252 | 235 | 117 | 105 | 13 |
| 22 | 广西壮族自治区 | 248 | 250 | 146 | 101 | 3 |
| 23 | 山西省 | 244 | 296 | 167 | 126 | 3 |
| 24 | 黑龙江省 | 224 | 395 | 189 | 195 | 11 |
| 25 | 贵州省 | 212 | 177 | 92 | 83 | 2 |
| 26 | 海南省 | 199 | 62 | 37 | 24 | 1 |
| 27 | 甘肃省 | 173 | 268 | 76 | 189 | 3 |
| 28 | 内蒙古自治区 | 167 | 359 | 143 | 199 | 17 |
| 29 | 宁夏回族自治区 | 153 | 72 | 31 | 39 | 2 |

续表

| 序号 | 省、自治区、直辖市名称 | 双创指数 | 场馆数量（个） | 图书馆数量（个） | 博物馆数量（个） | 科技馆数量（个） |
|---|---|---|---|---|---|---|
| 30 | 青海省 | 98 | 66 | 33 | 32 | 1 |
| 31 | 西藏自治区 | 74 | 12 | 3 | 8 | 1 |

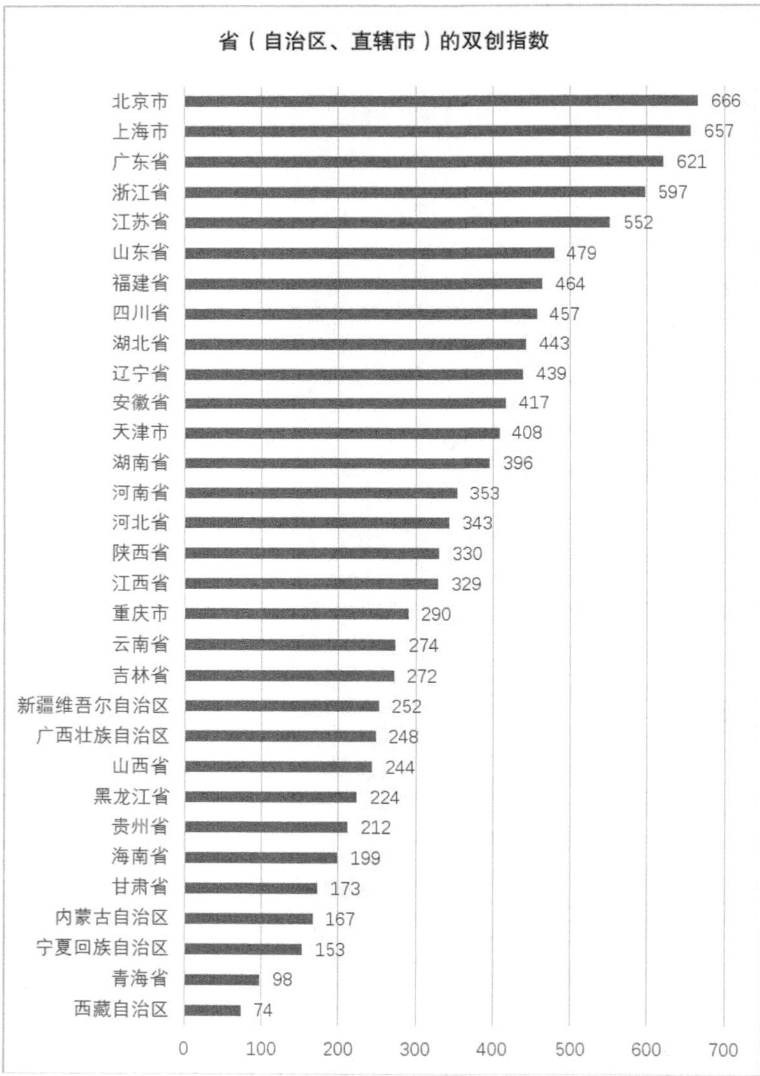


图 2-35　31 个省（自治区、直辖市）的双创指数

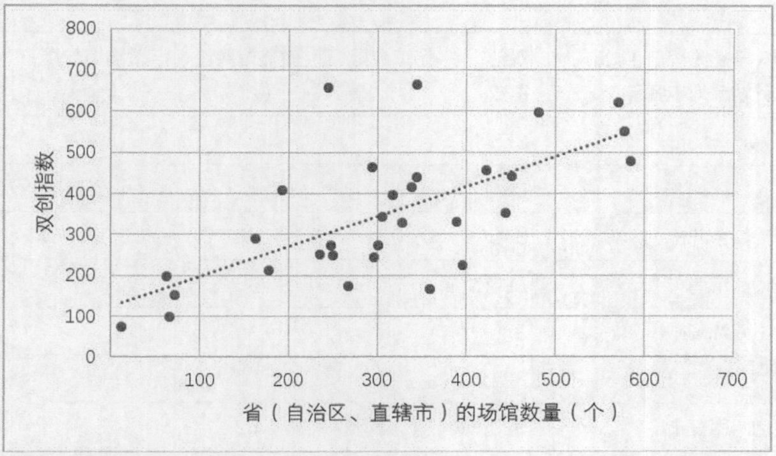


图 2-36 31 个省（自治区、直辖市）的场馆数量和双创指数散点图

分析 36 个直辖市、省会（首府）城市、计划单列市的数据发现，场馆数量与双创指数呈显著性相关，皮尔逊相关系数为 0.717，二者高度相关。即双创指数越高的城市，场馆数量越多，见表 2-50、图 2-37、图 2-38。

表 2-50 36 个直辖市、省会（首府）城市、计划单列市的双创指数和场馆数量

| 序号 | 直辖市、省会（首府）城市、计划单列市名称 | 双创指数 | 场馆数量（个） | 图书馆数量（个） | 博物馆数量（个） | 科技馆数量（个） |
|---|---|---|---|---|---|---|
| 1 | 北京市 | 666 | 344 | 197 | 138 | 9 |
| 2 | 上海市 | 657 | 244 | 125 | 113 | 6 |
| 3 | 深圳市 | 559 | 65 | 22 | 41 | 2 |
| 4 | 杭州市 | 545 | 109 | 52 | 53 | 4 |
| 5 | 广州市 | 516 | 147 | 96 | 47 | 4 |
| 6 | 南京市 | 420 | 124 | 79 | 43 | 2 |
| 7 | 武汉市 | 417 | 155 | 73 | 77 | 5 |
| 8 | 成都市 | 416 | 150 | 62 | 87 | 1 |
| 9 | 天津市 | 408 | 193 | 132 | 58 | 3 |
| 10 | 长沙市 | 356 | 78 | 50 | 25 | 3 |

续表

| 序号 | 直辖市、省会（首府）城市、计划单列市名称 | 双创指数 | 场馆数量（个） | 图书馆数量（个） | 博物馆数量（个） | 科技馆数量（个） |
|---|---|---|---|---|---|---|
| 11 | 厦门市 | 355 | 34 | 24 | 9 | 1 |
| 12 | 福州市 | 354 | 81 | 54 | 25 | 2 |
| 13 | 合肥市 | 340 | 62 | 36 | 23 | 3 |
| 14 | 济南市 | 326 | 76 | 46 | 29 | 1 |
| 15 | 沈阳市 | 325 | 90 | 71 | 17 | 2 |
| 16 | 宁波市 | 321 | 90 | 20 | 66 | 4 |
| 17 | 西安市 | 320 | 148 | 63 | 81 | 4 |
| 18 | 郑州市 | 306 | 90 | 57 | 30 | 3 |
| 19 | 重庆市 | 290 | 162 | 96 | 64 | 2 |
| 20 | 青岛市 | 283 | 92 | 30 | 60 | 2 |
| 21 | 昆明市 | 265 | 66 | 39 | 24 | 3 |
| 22 | 石家庄市 | 256 | 66 | 48 | 15 | 3 |
| 23 | 大连市 | 231 | 66 | 39 | 26 | 1 |
| 24 | 长春市 | 222 | 97 | 65 | 28 | 4 |
| 25 | 海口市 | 211 | 23 | 16 | 6 | 1 |
| 26 | 太原市 | 205 | 77 | 63 | 12 | 2 |
| 27 | 哈尔滨市 | 203 | 151 | 77 | 72 | 2 |
| 28 | 南昌市 | 194 | 90 | 70 | 19 | 1 |
| 29 | 南宁市 | 194 | 55 | 44 | 10 | 1 |
| 30 | 乌鲁木齐市 | 184 | 42 | 33 | 7 | 2 |
| 31 | 贵阳市 | 179 | 41 | 28 | 12 | 1 |
| 32 | 银川市 | 146 | 34 | 16 | 17 | 1 |
| 33 | 兰州市 | 142 | 59 | 36 | 23 | 0 |
| 34 | 西宁市 | 110 | 32 | 18 | 13 | 1 |
| 35 | 呼和浩特市 | 107 | 79 | 39 | 38 | 2 |
| 36 | 拉萨市 | 69 | 8 | 3 | 4 | 1 |

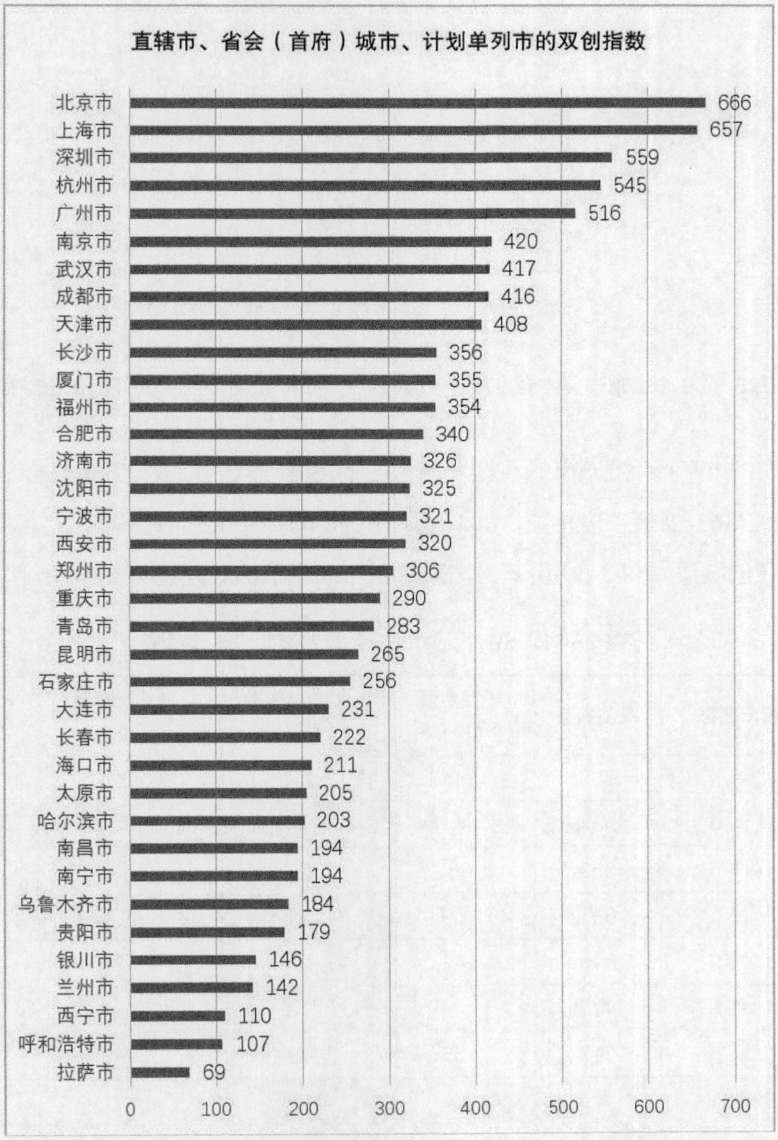


图 2-37　36 个直辖市、省会（首府）城市、计划单列市的双创指数

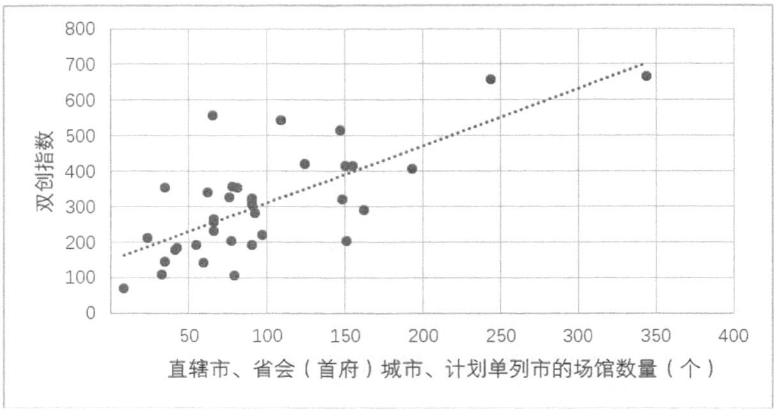


**图 2-38　36 个直辖市、省会（首府）城市、计划单列市的场馆数量和双创指数散点图**

分析调研的 69 个大中城市的数据发现，场馆数量与双创指数呈显著性相关，斯皮尔曼相关系数为 0.786，二者中度相关。即双创指数高的城市，场馆数量越多，见表 2-51。部分大中城市的双创指数如图 2-39 所示，场馆数量和双创指数散点如图 2-40 所示。

**表 2-51　69 个大中城市的双创指数和场馆数量**

| 序号 | 城市名称 | 双创指数 | 场馆数量（个） | 图书馆数量（个） | 博物馆数量（个） | 科技馆数量（个） |
|---|---|---|---|---|---|---|
| 1 | 北京市 | 666 | 344 | 197 | 138 | 9 |
| 2 | 上海市 | 657 | 244 | 125 | 113 | 6 |
| 3 | 深圳市 | 559 | 65 | 22 | 41 | 2 |
| 4 | 杭州市 | 545 | 109 | 52 | 53 | 4 |
| 5 | 广州市 | 516 | 147 | 96 | 47 | 4 |
| 6 | 南京市 | 420 | 124 | 79 | 43 | 2 |
| 7 | 武汉市 | 417 | 155 | 73 | 77 | 5 |
| 8 | 成都市 | 416 | 150 | 62 | 87 | 1 |
| 9 | 天津市 | 408 | 193 | 132 | 58 | 3 |
| 10 | 长沙市 | 356 | 78 | 50 | 25 | 3 |
| 11 | 厦门市 | 355 | 34 | 24 | 9 | 1 |
| 12 | 福州市 | 354 | 81 | 54 | 25 | 2 |

续表

| 序号 | 城市名称 | 双创指数 | 场馆数量（个） | 图书馆数量（个） | 博物馆数量（个） | 科技馆数量（个） |
|---|---|---|---|---|---|---|
| 13 | 合肥市 | 340 | 62 | 36 | 23 | 3 |
| 14 | 无锡市 | 331 | 77 | 17 | 57 | 3 |
| 15 | 济南市 | 326 | 76 | 46 | 29 | 1 |
| 16 | 沈阳市 | 325 | 90 | 71 | 17 | 2 |
| 17 | 宁波市 | 321 | 90 | 20 | 66 | 4 |
| 18 | 西安市 | 320 | 148 | 63 | 81 | 4 |
| 19 | 郑州市 | 306 | 90 | 57 | 30 | 3 |
| 20 | 重庆市 | 290 | 162 | 96 | 64 | 2 |
| 21 | 青岛市 | 283 | 92 | 30 | 60 | 2 |
| 22 | 昆明市 | 265 | 66 | 39 | 24 | 3 |
| 23 | 石家庄市 | 256 | 66 | 48 | 15 | 3 |
| 24 | 烟台市 | 233 | 53 | 22 | 28 | 3 |
| 25 | 泉州市 | 232 | 34 | 17 | 15 | 2 |
| 26 | 大连市 | 231 | 66 | 39 | 26 | 1 |
| 27 | 长春市 | 222 | 97 | 65 | 28 | 4 |
| 28 | 温州市 | 219 | 52 | 22 | 29 | 1 |
| 29 | 金华市 | 216 | 43 | 15 | 25 | 3 |
| 30 | 海口市 | 211 | 23 | 16 | 6 | 1 |
| 31 | 太原市 | 205 | 77 | 63 | 12 | 2 |
| 32 | 惠州市 | 204 | 22 | 11 | 10 | 1 |
| 33 | 哈尔滨市 | 203 | 151 | 77 | 72 | 2 |
| 34 | 扬州市 | 201 | 39 | 23 | 15 | 1 |
| 35 | 南昌市 | 194 | 90 | 70 | 19 | 1 |
| 36 | 南宁市 | 194 | 55 | 44 | 10 | 1 |
| 37 | 赣州市 | 191 | 45 | 25 | 19 | 1 |
| 38 | 乌鲁木齐市 | 184 | 42 | 33 | 7 | 2 |
| 39 | 贵阳市 | 179 | 41 | 28 | 12 | 1 |
| 40 | 洛阳市 | 159 | 58 | 10 | 48 | 0 |

续表

| 序号 | 城市名称 | 双创指数 | 场馆数量（个） | 图书馆数量（个） | 博物馆数量（个） | 科技馆数量（个） |
|---|---|---|---|---|---|---|
| 41 | 襄阳市 | 149 | 26 | 12 | 8 | 6 |
| 42 | 济宁市 | 147 | 42 | 14 | 28 | 0 |
| 43 | 银川市 | 146 | 34 | 16 | 17 | 1 |
| 44 | 兰州市 | 142 | 59 | 36 | 23 | 0 |
| 45 | 唐山市 | 127 | 34 | 15 | 18 | 1 |
| 46 | 韶关市 | 125 | 22 | 10 | 9 | 3 |
| 47 | 宜昌市 | 125 | 41 | 14 | 18 | 9 |
| 48 | 蚌埠市 | 123 | 13 | 7 | 5 | 1 |
| 49 | 湛江市 | 123 | 21 | 14 | 6 | 1 |
| 50 | 岳阳市 | 118 | 23 | 10 | 12 | 1 |
| 51 | 秦皇岛市 | 117 | 13 | 10 | 3 | 0 |
| 52 | 九江市 | 116 | 36 | 18 | 18 | 0 |
| 53 | 安庆市 | 115 | 30 | 11 | 16 | 3 |
| 54 | 常德市 | 113 | 22 | 11 | 11 | 0 |
| 55 | 平顶山市 | 112 | 20 | 7 | 13 | 0 |
| 56 | 吉林市 | 112 | 42 | 21 | 16 | 5 |
| 57 | 三亚市 | 112 | 7 | 1 | 6 | 0 |
| 58 | 西宁市 | 110 | 32 | 18 | 13 | 1 |
| 59 | 呼和浩特市 | 107 | 79 | 39 | 38 | 2 |
| 60 | 锦州市 | 106 | 21 | 14 | 6 | 1 |
| 61 | 遵义市 | 106 | 29 | 13 | 16 | 0 |
| 62 | 桂林市 | 105 | 44 | 24 | 20 | 0 |
| 63 | 丹东市 | 103 | 18 | 12 | 4 | 2 |
| 64 | 包头市 | 99 | 30 | 21 | 8 | 1 |
| 65 | 泸州市 | 99 | 16 | 9 | 7 | 0 |
| 66 | 南充市 | 95 | 23 | 15 | 7 | 1 |
| 67 | 北海市 | 88 | 6 | 5 | 1 | 0 |
| 68 | 牡丹江市 | 86 | 37 | 17 | 20 | 0 |
| 69 | 拉萨市 | 69 | 8 | 3 | 4 | 1 |

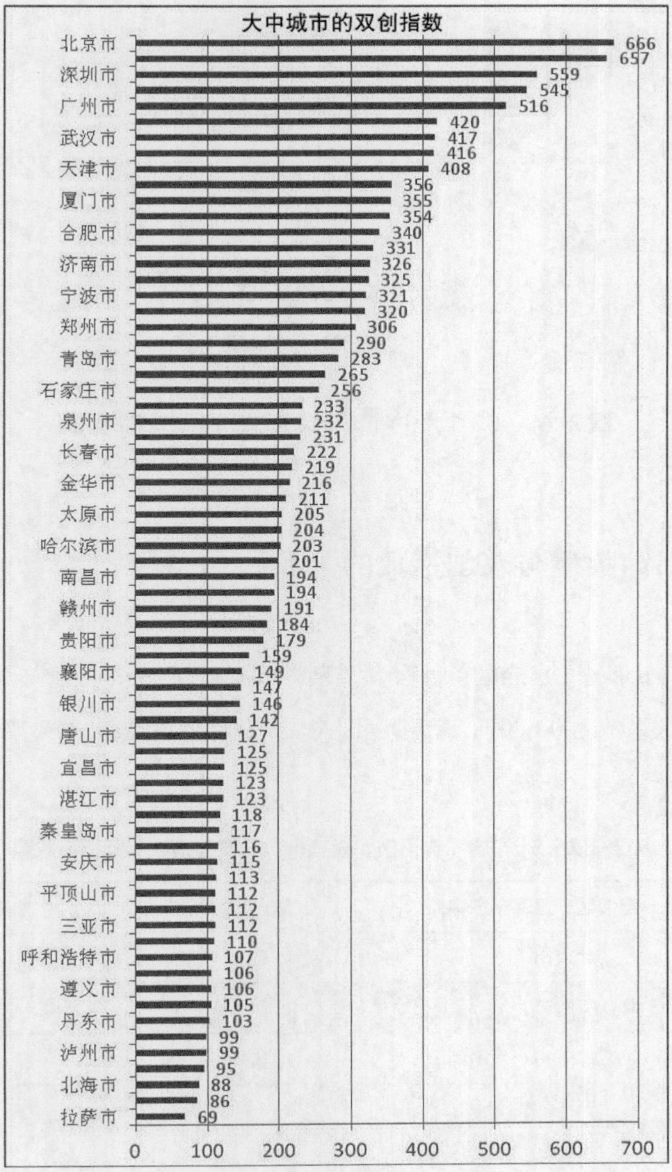


图 2-39　大部分大中城市的双创指数

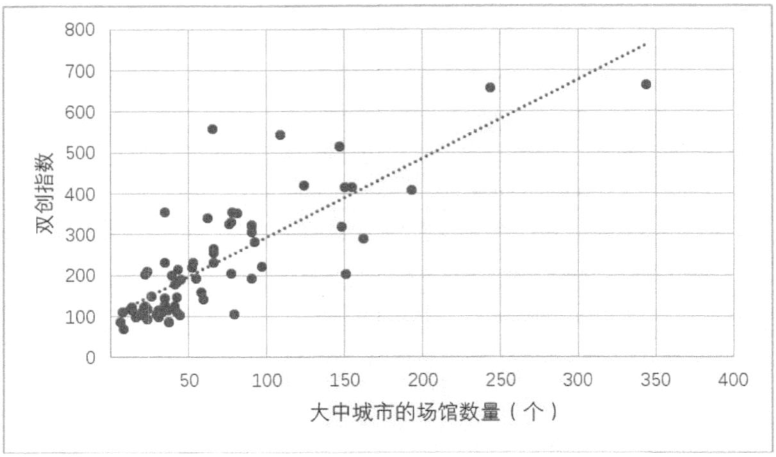


图 2-40　69 个大中城市的场馆数量和双创指数散点图

## 2.4.2 图书馆数量与双创指数的关系

分析调研的 31 个省（自治区、直辖市）的数据发现，图书馆数量与双创指数呈显著性相关，皮尔逊相关系数为 0.680，二者中度相关。即双创指数高的省份，图书馆数量较多，见表 2-52、图 2-41。

表 2-52　31 个省（自治区、直辖市）的双创指数和图书馆数量

| 序号 | 省、自治区、直辖市名称 | 双创指数 | 图书馆数量（个） |
|---|---|---|---|
| 1 | 北京市 | 666 | 197 |
| 2 | 上海市 | 657 | 125 |
| 3 | 广东省 | 621 | 279 |
| 4 | 浙江省 | 597 | 170 |
| 5 | 江苏省 | 552 | 276 |
| 6 | 山东省 | 479 | 223 |
| 7 | 福建省 | 464 | 164 |

续表

| 序号 | 省、自治区、直辖市名称 | 双创指数 | 图书馆数量（个） |
|---|---|---|---|
| 8 | 四川省 | 457 | 193 |
| 9 | 湖北省 | 443 | 179 |
| 10 | 辽宁省 | 439 | 228 |
| 11 | 安徽省 | 417 | 138 |
| 12 | 天津市 | 408 | 132 |
| 13 | 湖南省 | 396 | 178 |
| 14 | 河南省 | 353 | 164 |
| 15 | 河北省 | 343 | 201 |
| 16 | 陕西省 | 330 | 141 |
| 17 | 江西省 | 329 | 178 |
| 18 | 重庆市 | 290 | 96 |
| 19 | 云南省 | 274 | 136 |
| 20 | 吉林省 | 272 | 158 |
| 21 | 新疆维吾尔自治区 | 252 | 117 |
| 22 | 广西壮族自治区 | 248 | 146 |
| 23 | 山西省 | 244 | 167 |
| 24 | 黑龙江省 | 224 | 189 |
| 25 | 贵州省 | 212 | 92 |
| 26 | 海南省 | 199 | 37 |
| 27 | 甘肃省 | 173 | 76 |
| 28 | 内蒙古自治区 | 167 | 143 |
| 29 | 宁夏回族自治区 | 153 | 31 |
| 30 | 青海省 | 98 | 33 |
| 31 | 西藏自治区 | 74 | 3 |

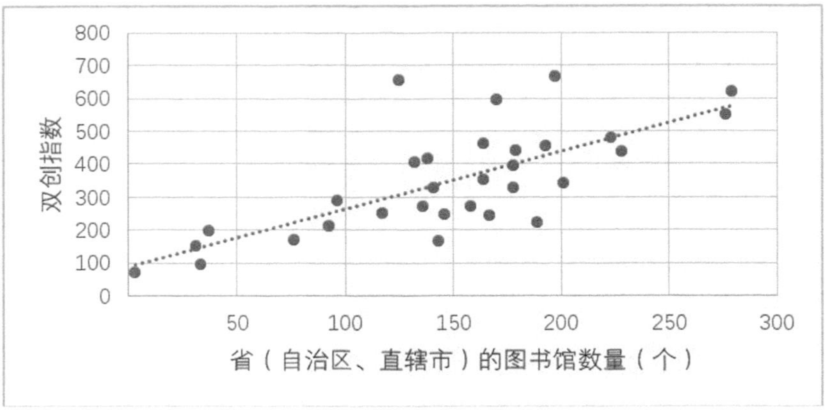


**图 2-41　31 个省（自治区、直辖市）的图书馆数量和双创指数散点图**

分析调研的 36 个直辖市、省会（首府）城市、计划单列市的数据发现，图书馆数量与双创指数呈显著性相关，皮尔逊相关系数为 0.638，二者中度相关。即双创指数高的城市，图书馆数量较多，见表 2-53、图 2-42。

**表 2-53　36 个直辖市、省会（首府）城市、计划单列市的双创指数和图书馆数量**

| 序号 | 直辖市、省会（首府）城市、计划单列市名称 | 双创指数 | 图书馆数量（个） |
|---|---|---|---|
| 1 | 北京市 | 666 | 197 |
| 2 | 上海市 | 657 | 125 |
| 3 | 深圳市 | 559 | 22 |
| 4 | 杭州市 | 545 | 52 |
| 5 | 广州市 | 516 | 96 |
| 6 | 南京市 | 420 | 79 |
| 7 | 武汉市 | 417 | 73 |
| 8 | 成都市 | 416 | 62 |
| 9 | 天津市 | 408 | 132 |
| 10 | 长沙市 | 356 | 50 |
| 11 | 厦门市 | 355 | 24 |

续表

| 序号 | 直辖市、省会（首府）城市、计划单列市名称 | 双创指数 | 图书馆数量（个） |
|---|---|---|---|
| 12 | 福州市 | 354 | 54 |
| 13 | 合肥市 | 340 | 36 |
| 14 | 济南市 | 326 | 46 |
| 15 | 沈阳市 | 325 | 71 |
| 16 | 宁波市 | 321 | 20 |
| 17 | 西安市 | 320 | 63 |
| 18 | 郑州市 | 306 | 57 |
| 19 | 重庆市 | 290 | 96 |
| 20 | 青岛市 | 283 | 30 |
| 21 | 昆明市 | 265 | 39 |
| 22 | 石家庄市 | 256 | 48 |
| 23 | 大连市 | 231 | 39 |
| 24 | 长春市 | 222 | 65 |
| 25 | 海口市 | 211 | 16 |
| 26 | 太原市 | 205 | 63 |
| 27 | 哈尔滨市 | 203 | 77 |
| 28 | 南昌市 | 194 | 70 |
| 29 | 南宁市 | 194 | 44 |
| 30 | 乌鲁木齐市 | 184 | 33 |
| 31 | 贵阳市 | 179 | 28 |
| 32 | 银川市 | 146 | 16 |
| 33 | 兰州市 | 142 | 36 |
| 34 | 西宁市 | 110 | 18 |
| 35 | 呼和浩特市 | 107 | 39 |
| 36 | 拉萨市 | 69 | 3 |

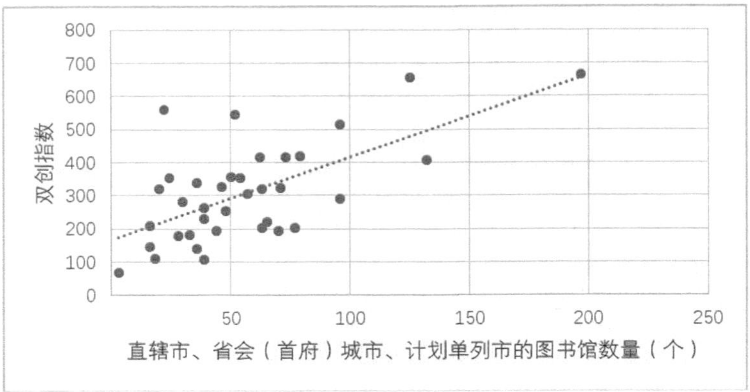


**图 2-42　36 个直辖市、省会（首府）城市、计划单列市的图书馆数量与双创指数散点图**

分析调研的 69 个大中城市的数据发现，城市图书馆数量与城市双创指数呈显著性相关，皮尔逊相关系数为 0.727，二者高度相关。即双创指数高的城市，图书馆数量较多，见表 2-54、图 2-43。

**表 2-54　69 个大中城市的双创指数和图书馆数量**

| 序号 | 城市名称 | 双创指数 | 图书馆数量（个） |
|---|---|---|---|
| 1 | 北京市 | 666 | 197 |
| 2 | 上海市 | 657 | 125 |
| 3 | 深圳市 | 559 | 22 |
| 4 | 杭州市 | 545 | 52 |
| 5 | 广州市 | 516 | 96 |
| 6 | 南京市 | 420 | 79 |
| 7 | 武汉市 | 417 | 73 |
| 8 | 成都市 | 416 | 62 |
| 9 | 天津市 | 408 | 132 |
| 10 | 长沙市 | 356 | 50 |
| 11 | 厦门市 | 355 | 24 |
| 12 | 福州市 | 354 | 54 |

续表

| 序号 | 城市名称 | 双创指数 | 图书馆数量（个） |
| --- | --- | --- | --- |
| 13 | 合肥市 | 340 | 36 |
| 14 | 无锡市 | 331 | 17 |
| 15 | 济南市 | 326 | 46 |
| 16 | 沈阳市 | 325 | 71 |
| 17 | 宁波市 | 321 | 20 |
| 18 | 西安市 | 320 | 63 |
| 19 | 郑州市 | 306 | 57 |
| 20 | 重庆市 | 290 | 96 |
| 21 | 青岛市 | 283 | 30 |
| 22 | 昆明市 | 265 | 39 |
| 23 | 石家庄市 | 256 | 48 |
| 24 | 烟台市 | 233 | 22 |
| 25 | 泉州市 | 232 | 17 |
| 26 | 大连市 | 231 | 39 |
| 27 | 长春市 | 222 | 65 |
| 28 | 温州市 | 219 | 22 |
| 29 | 金华市 | 216 | 15 |
| 30 | 海口市 | 211 | 16 |
| 31 | 太原市 | 205 | 63 |
| 32 | 惠州市 | 204 | 11 |
| 33 | 哈尔滨市 | 203 | 77 |
| 34 | 扬州市 | 201 | 23 |
| 35 | 南昌市 | 194 | 70 |
| 36 | 南宁市 | 194 | 44 |
| 37 | 赣州市 | 191 | 25 |
| 38 | 乌鲁木齐市 | 184 | 33 |

续表

| 序号 | 城市名称 | 双创指数 | 图书馆数量（个） |
|---|---|---|---|
| 39 | 贵阳市 | 179 | 28 |
| 40 | 洛阳市 | 159 | 10 |
| 41 | 襄阳市 | 149 | 12 |
| 42 | 济宁市 | 147 | 14 |
| 43 | 银川市 | 146 | 16 |
| 44 | 兰州市 | 142 | 36 |
| 45 | 唐山市 | 127 | 15 |
| 46 | 韶关市 | 125 | 10 |
| 47 | 宜昌市 | 125 | 14 |
| 48 | 蚌埠市 | 123 | 7 |
| 49 | 湛江市 | 123 | 14 |
| 50 | 岳阳市 | 118 | 10 |
| 51 | 秦皇岛市 | 117 | 10 |
| 52 | 九江市 | 116 | 18 |
| 53 | 安庆市 | 115 | 11 |
| 54 | 常德市 | 113 | 11 |
| 55 | 平顶山市 | 112 | 7 |
| 56 | 吉林市 | 112 | 21 |
| 57 | 三亚市 | 112 | 1 |
| 58 | 西宁市 | 110 | 18 |
| 59 | 呼和浩特市 | 107 | 39 |
| 60 | 锦州市 | 106 | 14 |
| 61 | 遵义市 | 106 | 13 |
| 62 | 桂林市 | 105 | 24 |

续表

| 序号 | 城市名称 | 双创指数 | 图书馆数量（个） |
|---|---|---|---|
| 63 | 丹东市 | 103 | 12 |
| 64 | 包头市 | 99 | 21 |
| 65 | 泸州市 | 99 | 9 |
| 66 | 南充市 | 95 | 15 |
| 67 | 北海市 | 88 | 5 |
| 68 | 牡丹江市 | 86 | 17 |
| 69 | 拉萨市 | 69 | 3 |

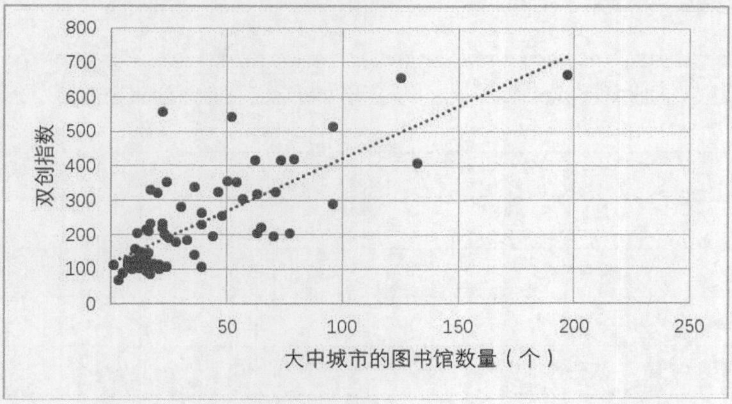


**图 2-43　69 个大中城市的图书馆数量和双创指数散点图**

## 2.4.3 博物馆数量与双创指数的关系

分析调研的 31 个省（自治区、直辖市）的数据发现，双创指数与博物馆数量呈显著性相关，皮尔逊相关系数为 0.529，二者中度相关。即双创指数高的省份，博物馆数量较多，见表 2-55、图 2-44。

表 2-55　31 个省（自治区、直辖市）的双创指数和博物馆数量

| 序号 | 省、自治区、直辖市名称 | 双创指数 | 博物馆数量（个） |
|---|---|---|---|
| 1 | 北京市 | 666 | 138 |
| 2 | 上海市 | 657 | 113 |
| 3 | 广东省 | 621 | 263 |
| 4 | 浙江省 | 597 | 289 |
| 5 | 江苏省 | 552 | 276 |
| 6 | 山东省 | 479 | 349 |
| 7 | 福建省 | 464 | 117 |
| 8 | 四川省 | 457 | 222 |
| 9 | 湖北省 | 443 | 205 |
| 10 | 辽宁省 | 439 | 100 |
| 11 | 安徽省 | 417 | 189 |
| 12 | 天津市 | 408 | 58 |
| 13 | 湖南省 | 396 | 134 |
| 14 | 河南省 | 353 | 270 |
| 15 | 河北省 | 343 | 96 |
| 16 | 陕西省 | 330 | 240 |
| 17 | 江西省 | 329 | 141 |
| 18 | 重庆市 | 290 | 64 |
| 19 | 云南省 | 274 | 105 |
| 20 | 吉林省 | 272 | 108 |
| 21 | 新疆维吾尔自治区 | 252 | 105 |
| 22 | 广西壮族自治区 | 248 | 101 |
| 23 | 山西省 | 244 | 126 |
| 24 | 黑龙江省 | 224 | 195 |
| 25 | 贵州省 | 212 | 83 |
| 26 | 海南省 | 199 | 24 |

续表

| 序号 | 省、自治区、直辖市名称 | 双创指数 | 博物馆数量（个） |
|---|---|---|---|
| 27 | 甘肃省 | 173 | 189 |
| 28 | 内蒙古自治区 | 167 | 199 |
| 29 | 宁夏回族自治区 | 153 | 39 |
| 30 | 青海省 | 98 | 32 |
| 31 | 西藏自治区 | 74 | 8 |

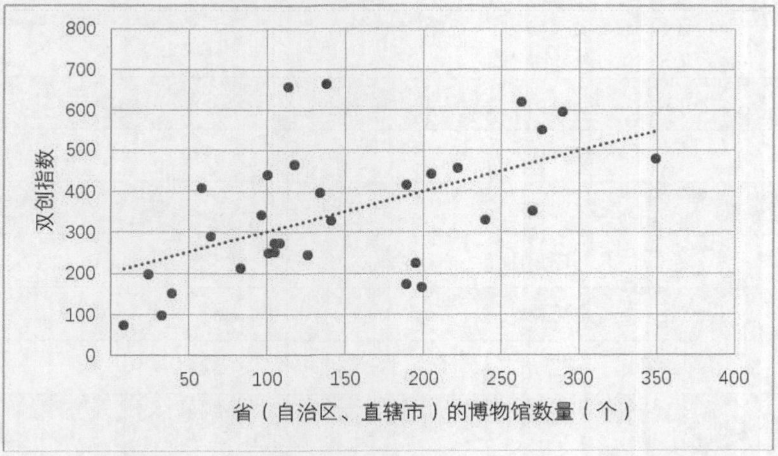


**图 2-44　31 个省（自治区、直辖市）的博物馆数量和双创指数散点图**

分析调研的 36 个直辖市、省会（首府）城市、计划单列市的数据发现，博物馆数量与双创指数呈显著性相关，皮尔逊相关系数为 0.695，二者中度相关。即双创指数高的城市，博物馆数量较多，见表 2-56、图 2-45。

**表 2-56　36 个直辖市、省会（首府）城市、计划单列市的双创指数和博物馆数量**

| 序号 | 直辖市、省会（首府）城市、计划单列市名称 | 双创指数 | 博物馆数量（个） |
|---|---|---|---|
| 1 | 北京市 | 666 | 138 |
| 2 | 上海市 | 657 | 113 |
| 3 | 深圳市 | 559 | 41 |

续表

| 序号 | 直辖市、省会（首府）城市、计划单列市名称 | 双创指数 | 博物馆数量（个） |
|---|---|---|---|
| 4 | 杭州市 | 545 | 53 |
| 5 | 广州市 | 516 | 47 |
| 6 | 南京市 | 420 | 43 |
| 7 | 武汉市 | 417 | 77 |
| 8 | 成都市 | 416 | 87 |
| 9 | 天津市 | 408 | 58 |
| 10 | 长沙市 | 356 | 25 |
| 11 | 厦门市 | 355 | 9 |
| 12 | 福州市 | 354 | 25 |
| 13 | 合肥市 | 340 | 23 |
| 14 | 济南市 | 326 | 29 |
| 15 | 沈阳市 | 325 | 17 |
| 16 | 宁波市 | 321 | 66 |
| 17 | 西安市 | 320 | 81 |
| 18 | 郑州市 | 306 | 30 |
| 19 | 重庆市 | 290 | 64 |
| 20 | 青岛市 | 283 | 60 |
| 21 | 昆明市 | 265 | 24 |
| 22 | 石家庄市 | 256 | 15 |
| 23 | 大连市 | 231 | 26 |
| 24 | 长春市 | 222 | 28 |
| 25 | 海口市 | 211 | 6 |
| 26 | 太原市 | 205 | 12 |
| 27 | 哈尔滨市 | 203 | 72 |

续表

| 序号 | 直辖市、省会（首府）城市、计划单列市名称 | 双创指数 | 博物馆数量（个） |
|---|---|---|---|
| 28 | 南昌市 | 194 | 19 |
| 29 | 南宁市 | 194 | 10 |
| 30 | 乌鲁木齐市 | 184 | 7 |
| 31 | 贵阳市 | 179 | 12 |
| 32 | 银川市 | 146 | 17 |
| 33 | 兰州市 | 142 | 23 |
| 34 | 西宁市 | 110 | 13 |
| 35 | 呼和浩特市 | 107 | 38 |
| 36 | 拉萨市 | 69 | 4 |

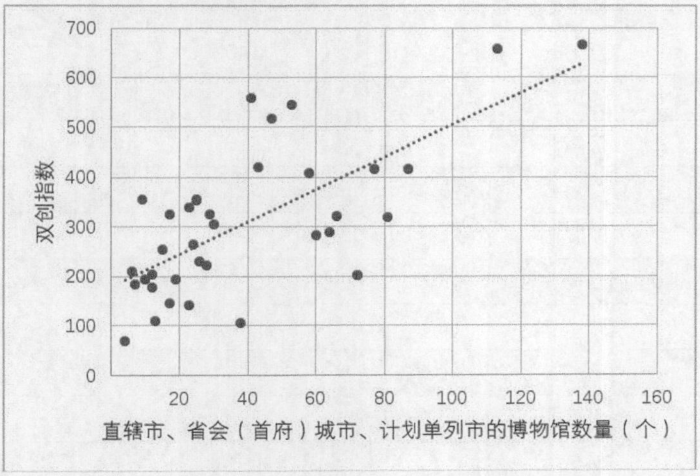


**图 2-45 36 个直辖市、省会（首府）城市、计划单列市的博物馆数量和双创指数散点图**

分析调研的 69 个大中城市的数据发现，城市博物馆数量与城市双创指数呈显著性相关，斯皮尔曼相关系数为 0.701，二者高度相关。即双创指数高的城市，博物馆数量较多，见表 2-57、图 2-46。

表 2-57　69 个大中城市的双创指数和博物馆数量

| 序号 | 城市名称 | 双创指数 | 博物馆数量（个） |
|---|---|---|---|
| 1 | 北京市 | 666 | 138 |
| 2 | 上海市 | 657 | 113 |
| 3 | 深圳市 | 559 | 41 |
| 4 | 杭州市 | 545 | 53 |
| 5 | 广州市 | 516 | 47 |
| 6 | 南京市 | 420 | 43 |
| 7 | 武汉市 | 417 | 77 |
| 8 | 成都市 | 416 | 87 |
| 9 | 天津市 | 408 | 58 |
| 10 | 长沙市 | 356 | 25 |
| 11 | 厦门市 | 355 | 9 |
| 12 | 福州市 | 354 | 25 |
| 13 | 合肥市 | 340 | 23 |
| 14 | 无锡市 | 331 | 57 |
| 15 | 济南市 | 326 | 29 |
| 16 | 沈阳市 | 325 | 17 |
| 17 | 宁波市 | 321 | 66 |
| 18 | 西安市 | 320 | 81 |
| 19 | 郑州市 | 306 | 30 |
| 20 | 重庆市 | 290 | 64 |
| 21 | 青岛市 | 283 | 60 |
| 22 | 昆明市 | 265 | 24 |
| 23 | 石家庄市 | 256 | 15 |
| 24 | 烟台市 | 233 | 28 |
| 25 | 泉州市 | 232 | 15 |
| 26 | 大连市 | 231 | 26 |
| 27 | 长春市 | 222 | 28 |
| 28 | 温州市 | 219 | 29 |

续表

| 序号 | 城市名称 | 双创指数 | 博物馆数量（个） |
|---|---|---|---|
| 29 | 金华市 | 216 | 25 |
| 30 | 海口市 | 211 | 6 |
| 31 | 太原市 | 205 | 12 |
| 32 | 惠州市 | 204 | 10 |
| 33 | 哈尔滨市 | 203 | 72 |
| 34 | 扬州市 | 201 | 15 |
| 35 | 南昌市 | 194 | 19 |
| 36 | 南宁市 | 194 | 10 |
| 37 | 赣州市 | 191 | 19 |
| 38 | 乌鲁木齐市 | 184 | 7 |
| 39 | 贵阳市 | 179 | 12 |
| 40 | 洛阳市 | 159 | 48 |
| 41 | 襄阳市 | 149 | 8 |
| 42 | 济宁市 | 147 | 28 |
| 43 | 银川市 | 146 | 17 |
| 44 | 兰州市 | 142 | 23 |
| 45 | 唐山市 | 127 | 18 |
| 46 | 韶关市 | 125 | 9 |
| 47 | 宜昌市 | 125 | 18 |
| 48 | 蚌埠市 | 123 | 5 |
| 49 | 湛江市 | 123 | 6 |
| 50 | 岳阳市 | 118 | 12 |
| 51 | 秦皇岛市 | 117 | 3 |
| 52 | 九江市 | 116 | 18 |
| 53 | 安庆市 | 115 | 16 |
| 54 | 常德市 | 113 | 11 |

续表

| 序号 | 城市名称 | 双创指数 | 博物馆数量（个） |
|---|---|---|---|
| 55 | 平顶山市 | 112 | 13 |
| 56 | 吉林市 | 112 | 16 |
| 57 | 三亚市 | 112 | 6 |
| 58 | 西宁市 | 110 | 13 |
| 59 | 呼和浩特市 | 107 | 38 |
| 60 | 锦州市 | 106 | 6 |
| 61 | 遵义市 | 106 | 16 |
| 62 | 桂林市 | 105 | 20 |
| 63 | 丹东市 | 103 | 4 |
| 64 | 包头市 | 99 | 8 |
| 65 | 泸州市 | 99 | 7 |
| 66 | 南充市 | 95 | 7 |
| 67 | 北海市 | 88 | 1 |
| 68 | 牡丹江市 | 86 | 20 |
| 69 | 拉萨市 | 69 | 4 |

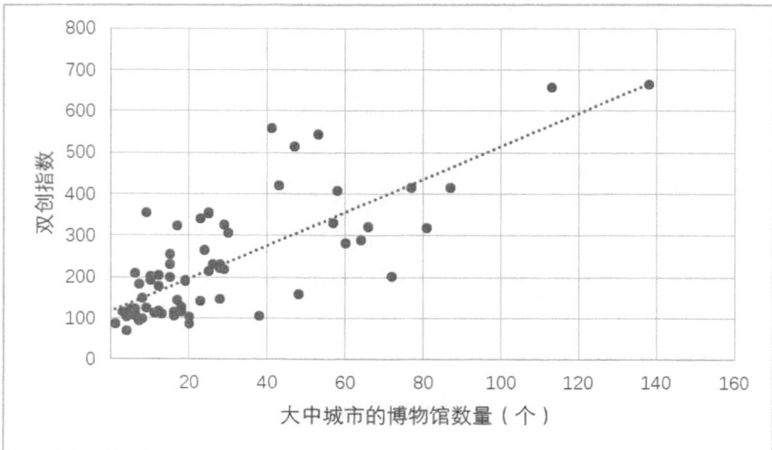


图 2-46　69 个大中城市的博物馆数量与双创指数散点图

## 2.4.4 科技馆数量与双创指数的关系

分析调研的31个省（自治区、直辖市）的数据发现，双创指数和科技馆数量呈显著性相关，斯皮尔曼相关系数为0.570，二者中度相关。即双创指数高的省份，科技馆数量较多，见表2-58、图2-47。

表2-58　31个省（自治区、直辖市）的双创指数和科技馆数量

| 序号 | 省、自治区、直辖市名称 | 双创指数 | 科技馆数量（个） |
|---|---|---|---|
| 1 | 北京市 | 666 | 9 |
| 2 | 上海市 | 657 | 6 |
| 3 | 广东省 | 621 | 29 |
| 4 | 浙江省 | 597 | 22 |
| 5 | 江苏省 | 552 | 26 |
| 6 | 山东省 | 479 | 13 |
| 7 | 福建省 | 464 | 13 |
| 8 | 四川省 | 457 | 7 |
| 9 | 湖北省 | 443 | 67 |
| 10 | 辽宁省 | 439 | 15 |
| 11 | 安徽省 | 417 | 11 |
| 12 | 天津市 | 408 | 3 |
| 13 | 湖南省 | 396 | 5 |
| 14 | 河南省 | 353 | 10 |
| 15 | 河北省 | 343 | 9 |
| 16 | 陕西省 | 330 | 7 |
| 17 | 江西省 | 329 | 8 |
| 18 | 重庆市 | 290 | 2 |

续表

| 序号 | 省、自治区、直辖市名称 | 双创指数 | 科技馆数量（个） |
| --- | --- | --- | --- |
| 19 | 云南省 | 274 | 7 |
| 20 | 吉林省 | 272 | 35 |
| 21 | 新疆维吾尔自治区 | 252 | 13 |
| 22 | 广西壮族自治区 | 248 | 3 |
| 23 | 山西省 | 244 | 3 |
| 24 | 黑龙江省 | 224 | 11 |
| 25 | 贵州省 | 212 | 2 |
| 26 | 海南省 | 199 | 1 |
| 27 | 甘肃省 | 173 | 3 |
| 28 | 内蒙古自治区 | 167 | 17 |
| 29 | 宁夏回族自治区 | 153 | 2 |
| 30 | 青海省 | 98 | 1 |
| 31 | 西藏自治区 | 74 | 1 |

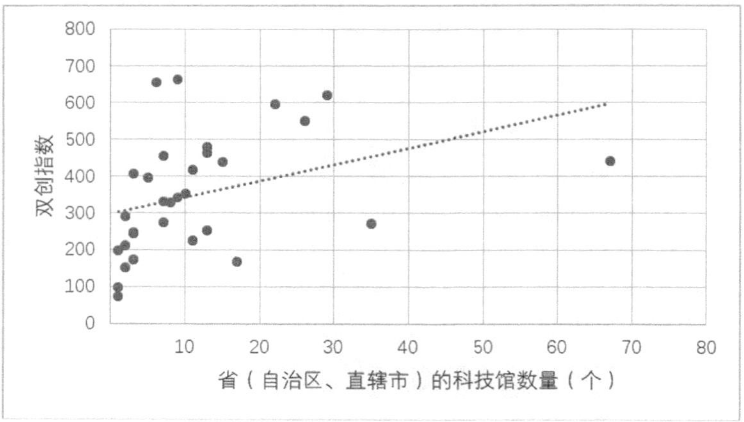


图 2-47　31 个省（自治区、直辖市）的科技馆数量和双创指数散点图

分析调研的36个直辖市、省会（首府）城市、计划单列市的数据发现，科技馆数量与双创指数呈显著性相关，皮尔逊相关系数为0.703，二者高度相关。即双创指数高的城市，科技馆数量较多，见表2-59、图2-48。

**表2-59　36个直辖市、省会（首府）城市、计划单列市的双创指数和科技馆数量**

| 序号 | 直辖市、省会（首府）城市、计划单列市名称 | 双创指数 | 科技馆数量（个） |
|---|---|---|---|
| 1 | 北京市 | 666 | 9 |
| 2 | 上海市 | 657 | 6 |
| 3 | 深圳市 | 559 | 2 |
| 4 | 杭州市 | 545 | 4 |
| 5 | 广州市 | 516 | 4 |
| 6 | 南京市 | 420 | 2 |
| 7 | 武汉市 | 417 | 5 |
| 8 | 成都市 | 416 | 1 |
| 9 | 天津市 | 408 | 3 |
| 10 | 长沙市 | 356 | 3 |
| 11 | 厦门市 | 355 | 1 |
| 12 | 福州市 | 354 | 2 |
| 13 | 合肥市 | 340 | 3 |
| 14 | 济南市 | 326 | 1 |
| 15 | 沈阳市 | 325 | 2 |
| 16 | 宁波市 | 321 | 4 |
| 17 | 西安市 | 320 | 4 |
| 18 | 郑州市 | 306 | 3 |
| 19 | 重庆市 | 290 | 2 |
| 20 | 青岛市 | 283 | 2 |
| 21 | 昆明市 | 265 | 3 |
| 22 | 石家庄市 | 256 | 3 |

续表

| 序号 | 直辖市、省会（首府）城市、计划单列市名称 | 双创指数 | 科技馆数量（个） |
|---|---|---|---|
| 23 | 大连市 | 231 | 1 |
| 24 | 长春市 | 222 | 4 |
| 25 | 海口市 | 211 | 1 |
| 26 | 太原市 | 205 | 2 |
| 27 | 哈尔滨市 | 203 | 2 |
| 28 | 南昌市 | 194 | 1 |
| 29 | 南宁市 | 194 | 1 |
| 30 | 乌鲁木齐市 | 184 | 2 |
| 31 | 贵阳市 | 179 | 1 |
| 32 | 银川市 | 146 | 1 |
| 33 | 兰州市 | 142 | 0 |
| 34 | 西宁市 | 110 | 1 |
| 35 | 呼和浩特市 | 107 | 2 |
| 36 | 拉萨市 | 69 | 1 |

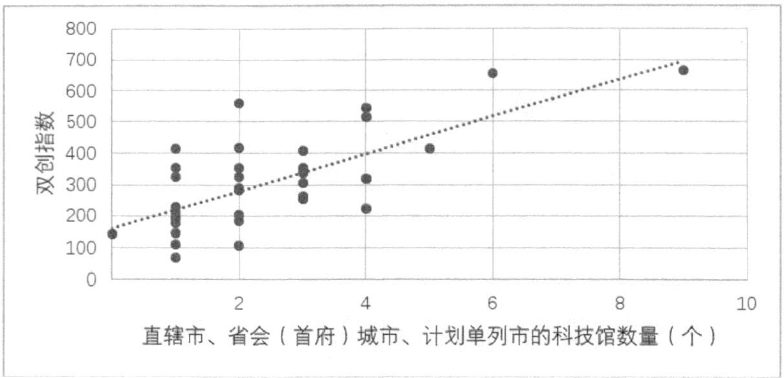


**图 2-48　36 个直辖市、省会（首府）城市、计划单列市的科技馆数量和双创指数散点图**

分析调研的 69 个大中城市的数据发现，城市科技馆数量与城市双创指数呈显著性相关，斯皮尔曼相关系数为 0.594，二者中度相关。即双创指数高的城市，科技馆数量较多，见表 2-60、图 2-49。

表 2-60　69 个大中城市的双创指数和科技馆数量

| 序号 | 城市名称 | 双创指数 | 科技馆数量（个） |
|---|---|---|---|
| 1 | 北京市 | 666 | 9 |
| 2 | 上海市 | 657 | 6 |
| 3 | 深圳市 | 559 | 2 |
| 4 | 杭州市 | 545 | 4 |
| 5 | 广州市 | 516 | 4 |
| 6 | 南京市 | 420 | 2 |
| 7 | 武汉市 | 417 | 5 |
| 8 | 成都市 | 416 | 1 |
| 9 | 天津市 | 408 | 3 |
| 10 | 长沙市 | 356 | 3 |
| 11 | 厦门市 | 355 | 1 |
| 12 | 福州市 | 354 | 2 |
| 13 | 合肥市 | 340 | 3 |
| 14 | 无锡市 | 331 | 3 |
| 15 | 济南市 | 326 | 1 |
| 16 | 沈阳市 | 325 | 2 |
| 17 | 宁波市 | 321 | 4 |
| 18 | 西安市 | 320 | 4 |
| 19 | 郑州市 | 306 | 3 |
| 20 | 重庆市 | 290 | 2 |
| 21 | 青岛市 | 283 | 2 |
| 22 | 昆明市 | 265 | 3 |
| 23 | 石家庄市 | 256 | 3 |
| 24 | 烟台市 | 233 | 3 |
| 25 | 泉州市 | 232 | 2 |
| 26 | 大连市 | 231 | 1 |

续表

| 序号 | 城市名称 | 双创指数 | 科技馆数量（个） |
|---|---|---|---|
| 27 | 长春市 | 222 | 4 |
| 28 | 温州市 | 219 | 1 |
| 29 | 金华市 | 216 | 3 |
| 30 | 海口市 | 211 | 1 |
| 31 | 太原市 | 205 | 2 |
| 32 | 惠州市 | 204 | 1 |
| 33 | 哈尔滨市 | 203 | 2 |
| 34 | 扬州市 | 201 | 1 |
| 35 | 南昌市 | 194 | 1 |
| 36 | 南宁市 | 194 | 1 |
| 37 | 赣州市 | 191 | 1 |
| 38 | 乌鲁木齐市 | 184 | 2 |
| 39 | 贵阳市 | 179 | 1 |
| 40 | 洛阳市 | 159 | 0 |
| 41 | 襄阳市 | 149 | 6 |
| 42 | 济宁市 | 147 | 0 |
| 43 | 银川市 | 146 | 1 |
| 44 | 兰州市 | 142 | 0 |
| 45 | 唐山市 | 127 | 1 |
| 46 | 韶关市 | 125 | 3 |
| 47 | 宜昌市 | 125 | 9 |
| 48 | 蚌埠市 | 123 | 1 |
| 49 | 湛江市 | 123 | 1 |
| 50 | 岳阳市 | 118 | 1 |
| 51 | 秦皇岛市 | 117 | 0 |
| 52 | 九江市 | 116 | 0 |
| 53 | 安庆市 | 115 | 3 |
| 54 | 常德市 | 113 | 0 |

续表

| 序号 | 城市名称 | 双创指数 | 科技馆数量（个） |
|---|---|---|---|
| 55 | 平顶山市 | 112 | 0 |
| 56 | 吉林市 | 112 | 5 |
| 57 | 三亚市 | 112 | 0 |
| 58 | 西宁市 | 110 | 1 |
| 59 | 呼和浩特市 | 107 | 2 |
| 60 | 锦州市 | 106 | 1 |
| 61 | 遵义市 | 106 | 0 |
| 62 | 桂林市 | 105 | 0 |
| 63 | 丹东市 | 103 | 2 |
| 64 | 包头市 | 99 | 1 |
| 65 | 泸州市 | 99 | 0 |
| 66 | 南充市 | 95 | 1 |
| 67 | 北海市 | 88 | 0 |
| 68 | 牡丹江市 | 86 | 0 |
| 69 | 拉萨市 | 69 | 1 |

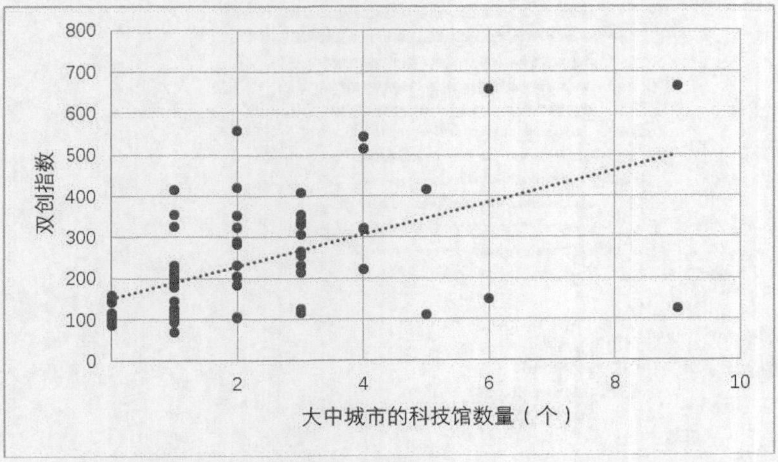


图 2-49　69 个大中城市的科技馆数量和双创指数散点图

# 2.5 场馆在各省（自治区、直辖市）的分布情况

## 2.5.1 场馆的总体分布情况

场馆在各省（自治区、直辖市）的分布情况差距较大。分析调研的31个省（自治区、直辖市）的数据发现，场馆数量在500个以上的省份有3个，数量在400 ~ 500个的有4个，数量在300 ~ 399个的有10个，数量在200 ~ 299个的有7个，数量在100 ~ 199个的有3个，数量在100个以下的有4个，见图2-50。

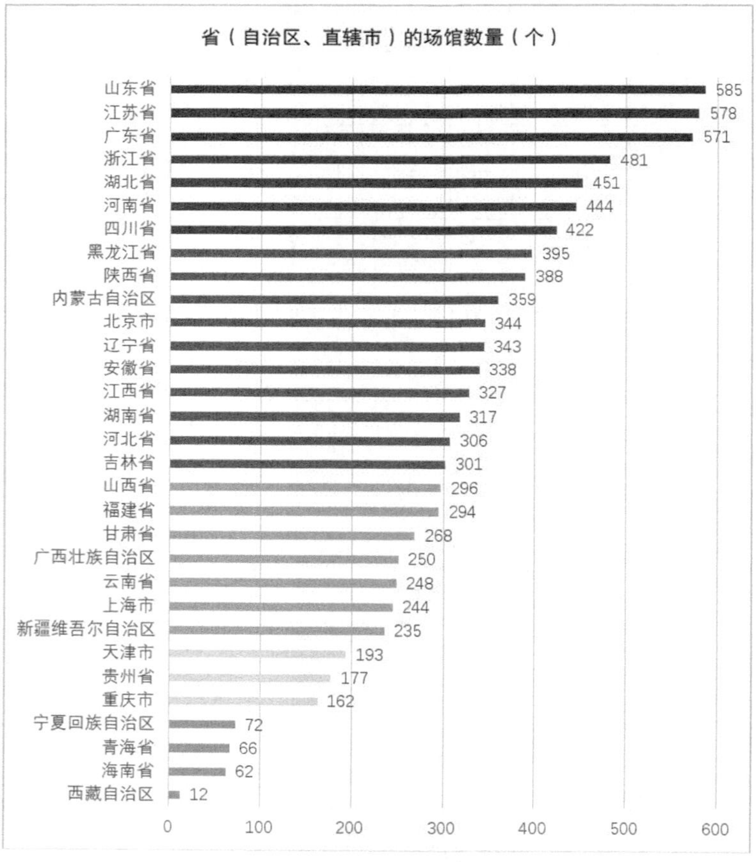


图2-50　31个省（自治区、直辖市）的场馆数量

## 2.5.2 图书馆的分布情况

图书馆在各省（自治区、直辖市）中的分布情况差距大。分析调研的31个省（自治区、直辖市）的数据发现，图书馆数量在200个以上的省份有5个，数量在100 ~ 199个的有19个，数量在50 ~ 99个的有3个，数量在50个以下的有4个，见图2-51。

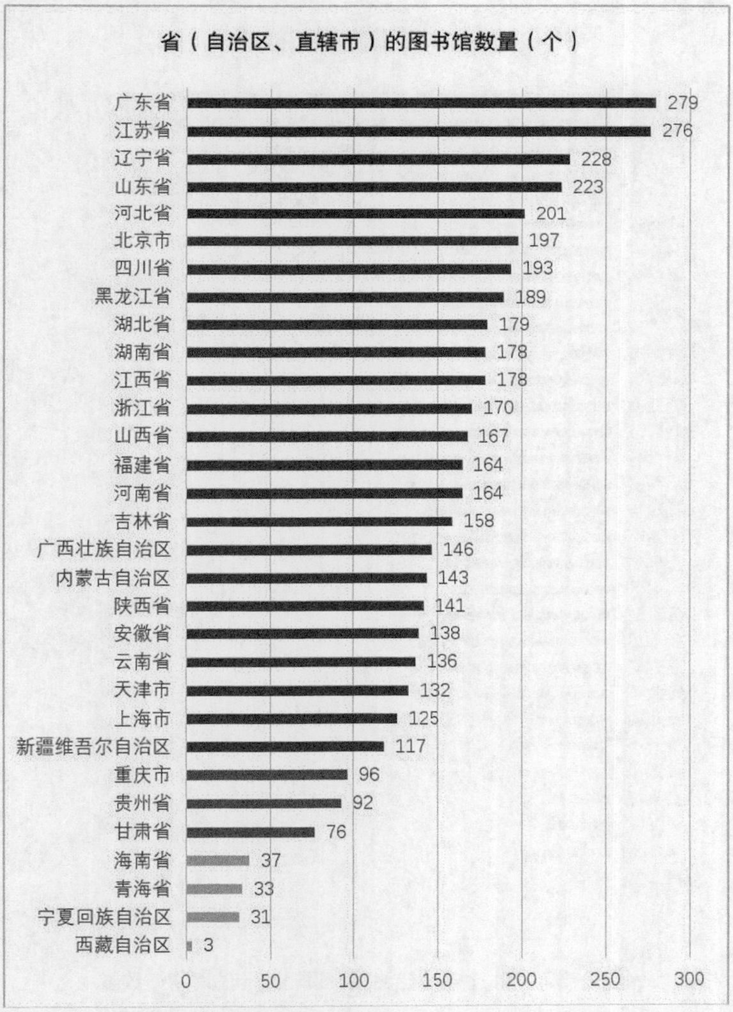


图2-51 31个省（自治区、直辖市）的图书馆数量

## 2.5.3 博物馆的分布情况

博物馆在各省（自治区、直辖市）中的分布情况差距大。分析调研的31个省（自治区、直辖市）的数据发现，博物馆数量超过300个的省份有1个，数量在200～300个的有7个，数量在100～199个的有15个，数量在100个以下的有8个，见图2-52。

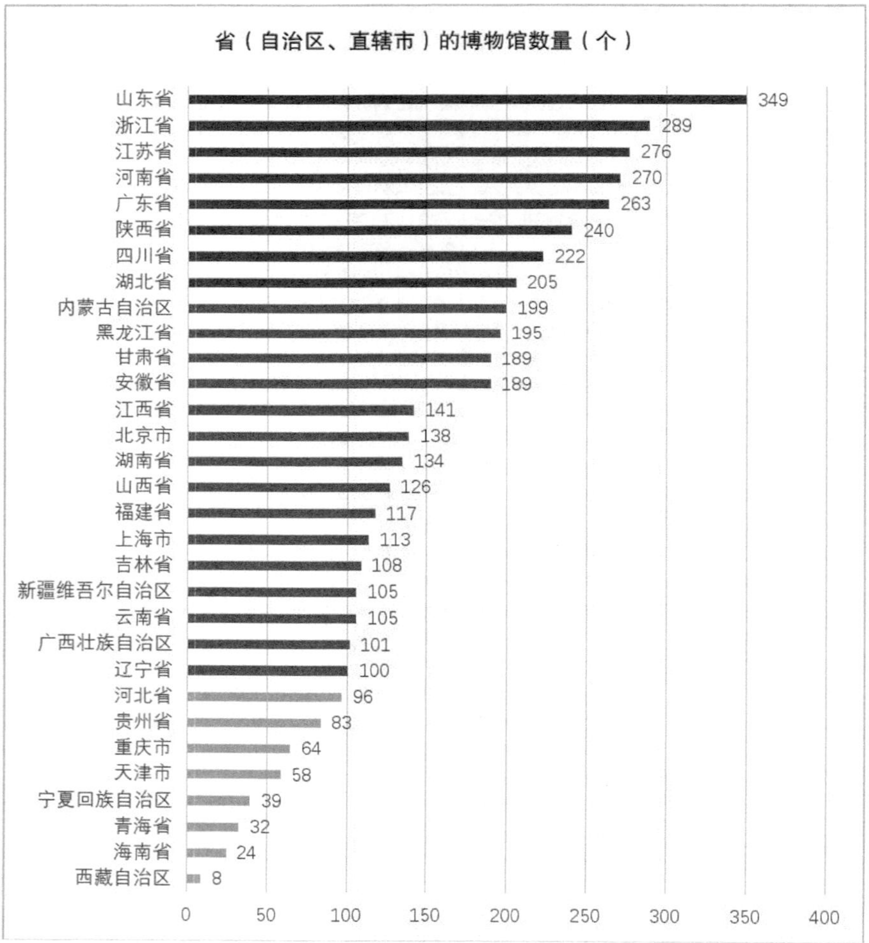


图2-52 31个省（自治区、直辖市）的博物馆数量

## 2.5.4 科技馆的分布情况

科技馆的数量总体不多，在调研的31个省（自治区、直辖市）中，科技馆数量超过60个的省份有1个（以青少年科技馆为主），数量在30～60个的有1个，数量在20～29个的有3个，数量在10～19个的有8个，数量为10个以下的有18个，见图2-53。

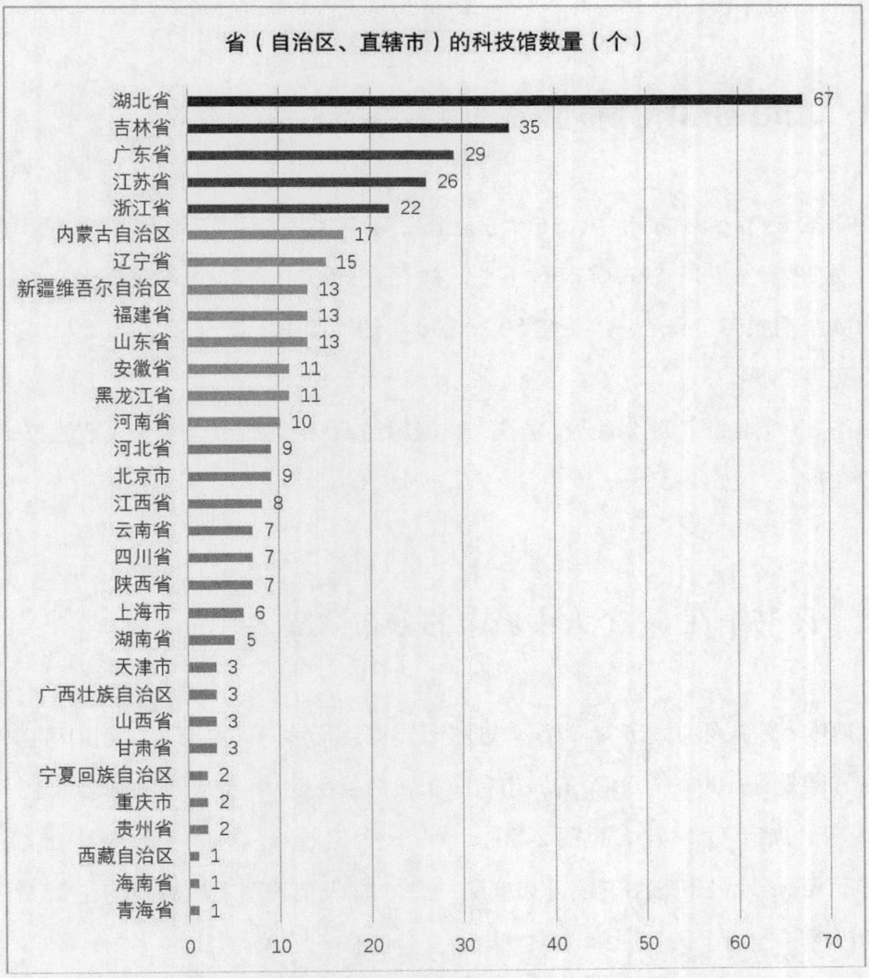


图2-53　31个省（自治区、直辖市）的科技馆数量

# 2.6 场馆在 69 个大中城市的分布情况

本书参照《2016 中国城市智慧学习环境指数报告》中的测评城市，并增加了拉萨市，总计对 69 个大中城市的场馆分布情况进行了描述和分析。调研的 69 个大中城市包括 36 个直辖市、计划单列市、省会（首府）城市，以及其他 33 个地级市。

## 2.6.1 场馆的总体分布情况

在调研的 69 个大中城市中，36 个直辖市、省会（首府）城市、计划单列市的场馆分布情况：数量超过 300 个的城市有 1 个，数量在 200 ~ 300 个的城市有 1 个，数量在 100 ~ 200 个的城市有 9 个，数量在 50 ~ 100 个的城市有 18 个，数量在 50 个以下的城市有 7 个，见图 2-54。

调研的 33 个地级市的场馆分布情况：数量超过 50 个的城市有 4 个，数量在 50 个以下的城市有 29 个，见图 2-55。

## 2.6.2 图书馆在 69 个大中城市的分布情况

在调研的 69 个大中城市中，36 个直辖市、省会（首府）城市、计划单列市的图书馆分布情况：数量在 100 ~ 200 个的城市有 3 个，数量在 50 ~ 100 个的城市有 15 个，数量在 50 个以下的城市有 18 个，见图 2-56。

调研的 33 个地级市的图书馆分布情况：33 个地级市的图书馆数量均在 25 个及以下，见图 2-57。

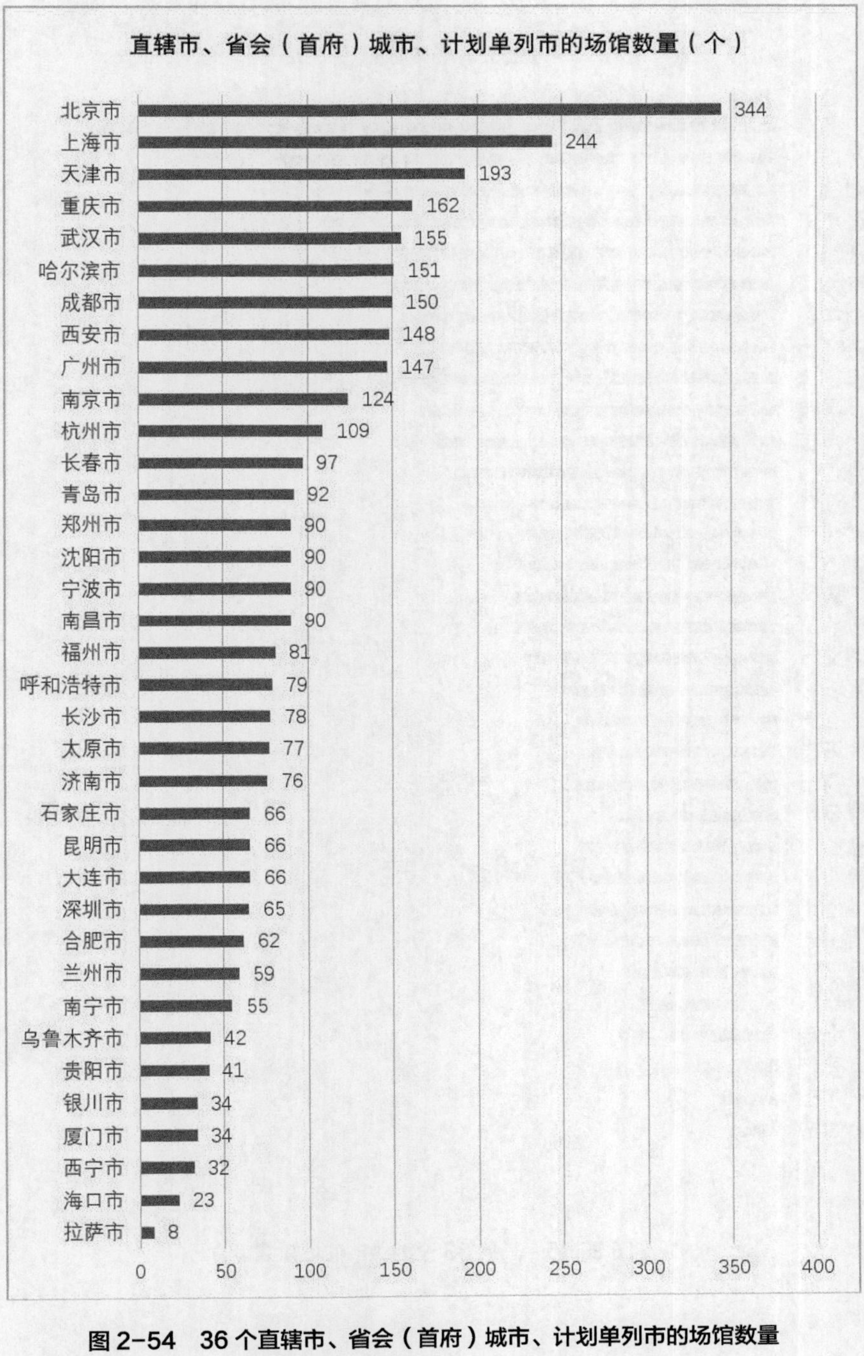


**图 2-54　36 个直辖市、省会（首府）城市、计划单列市的场馆数量**

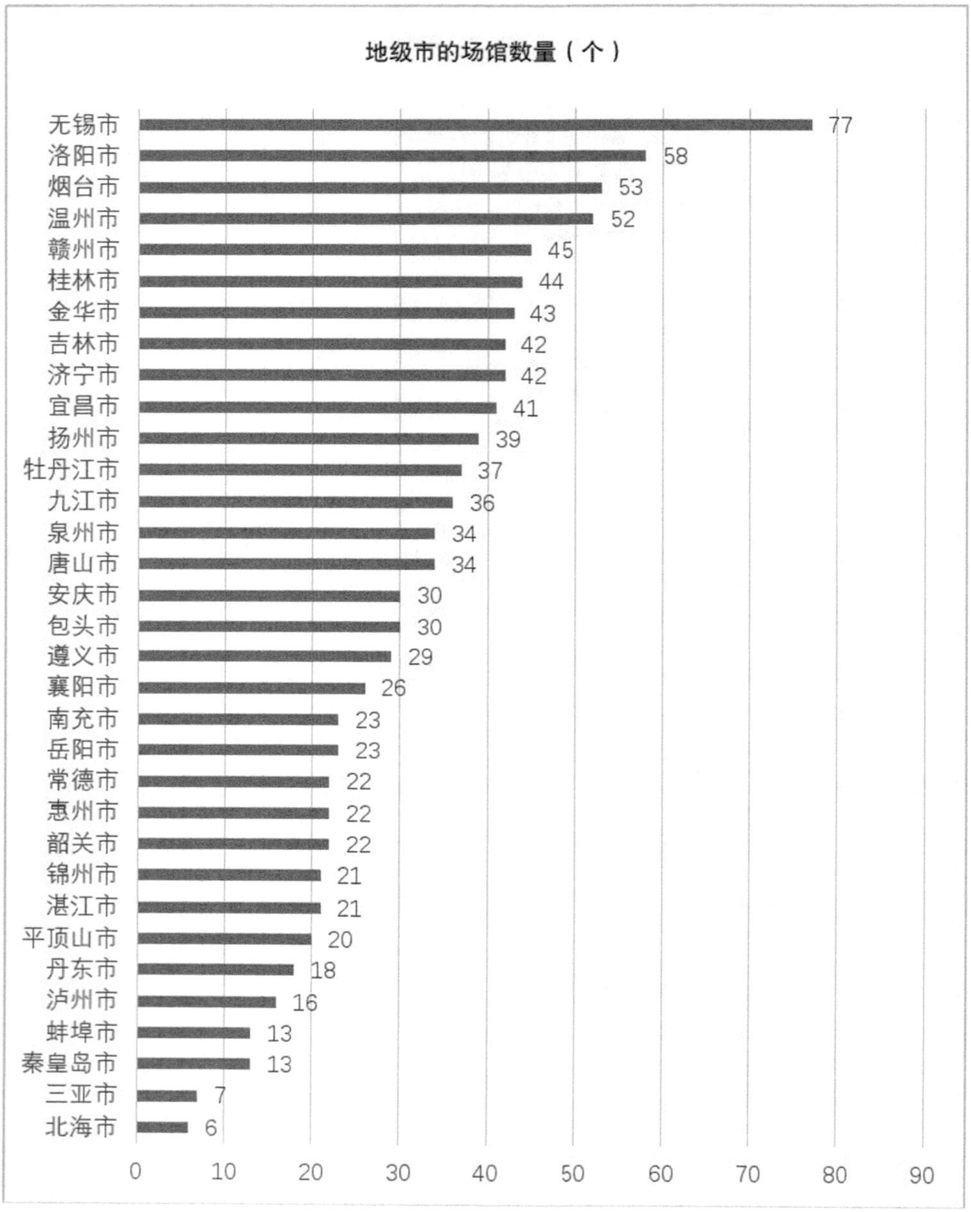


**图 2-55　其他 33 个地级市的场馆数量**

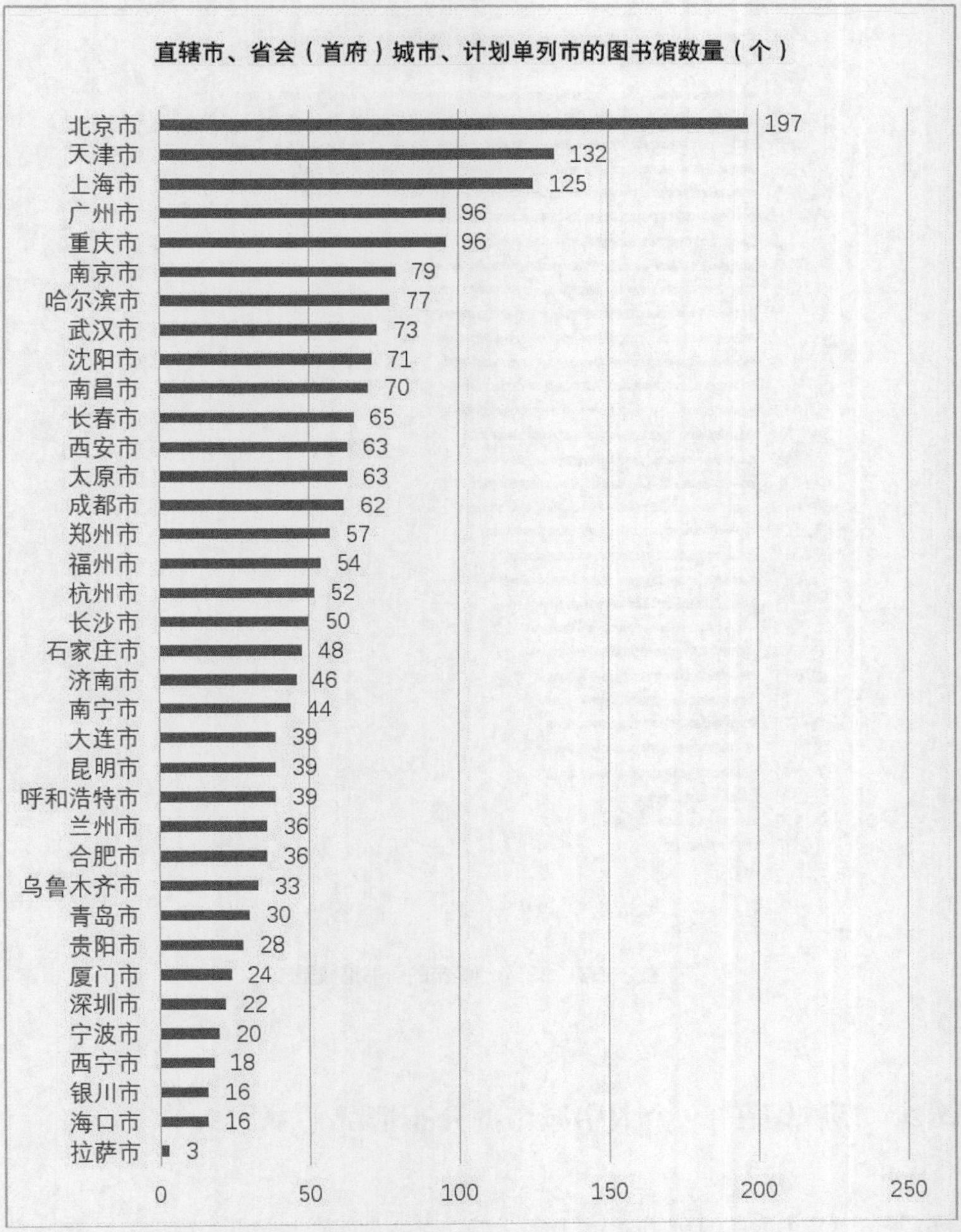


图 2-56　36 个直辖市、省会（首府）城市、计划单列市的图书馆数量

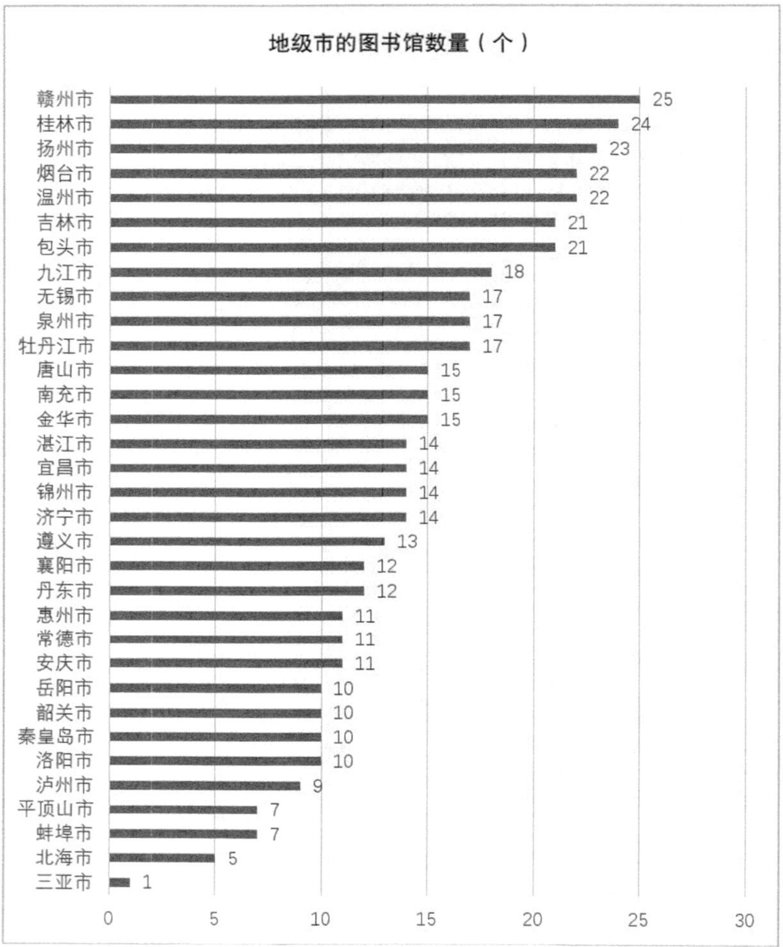


图 2-57　33 个地级市的图书馆数量

## 2.6.3 博物馆在 69 个大中城市的分布情况

在调研的 69 个大中城市中，36 个直辖市、省会（首府）城市、计划单列市的博物馆分布情况：数量超过 100 个的城市有 2 个，数量在 50 ~ 100 个的城市有 9 个，数量在 50 个以下的城市有 25 个，见图 2-58。

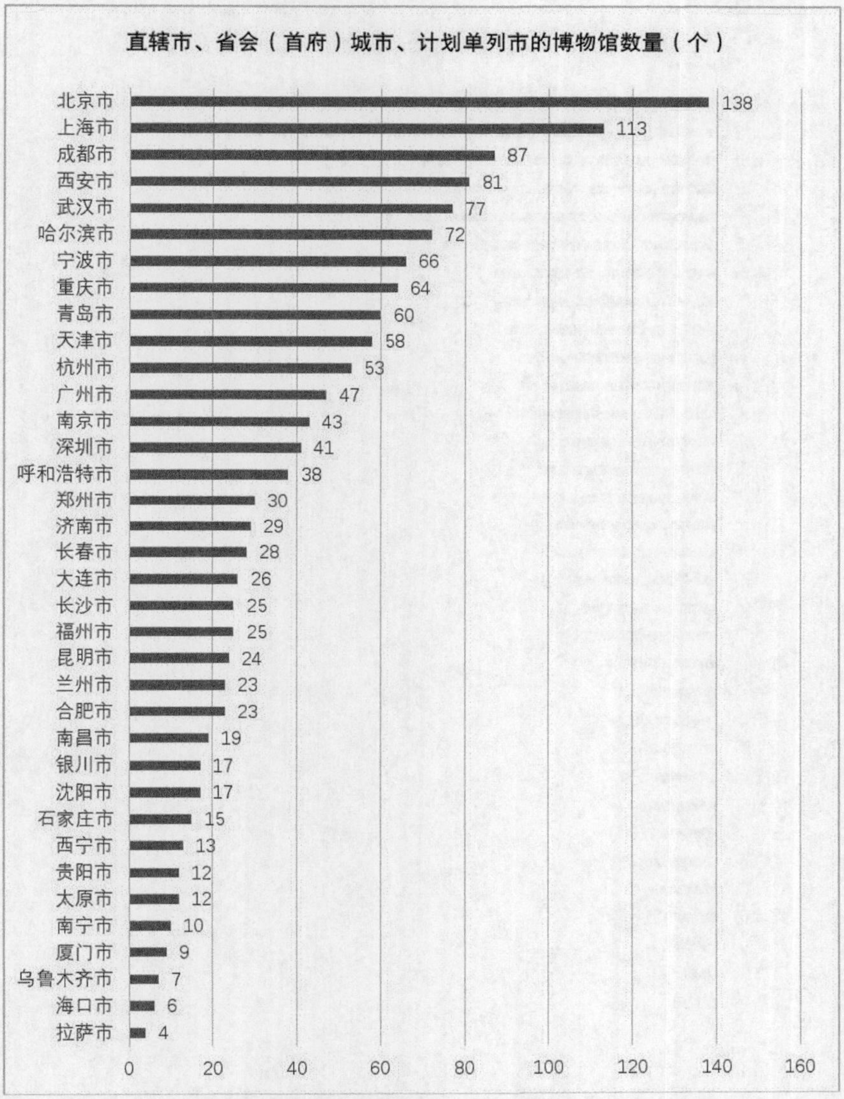


图 2-58　36 个直辖市、省会（首府）城市、计划单列市的博物馆数量

调研的 33 个地级市的博物馆分布情况：博物馆数量超过 50 个的城市有 1 个，其余 32 个城市的博物馆数量都在 50 个以下，见图 2-59。

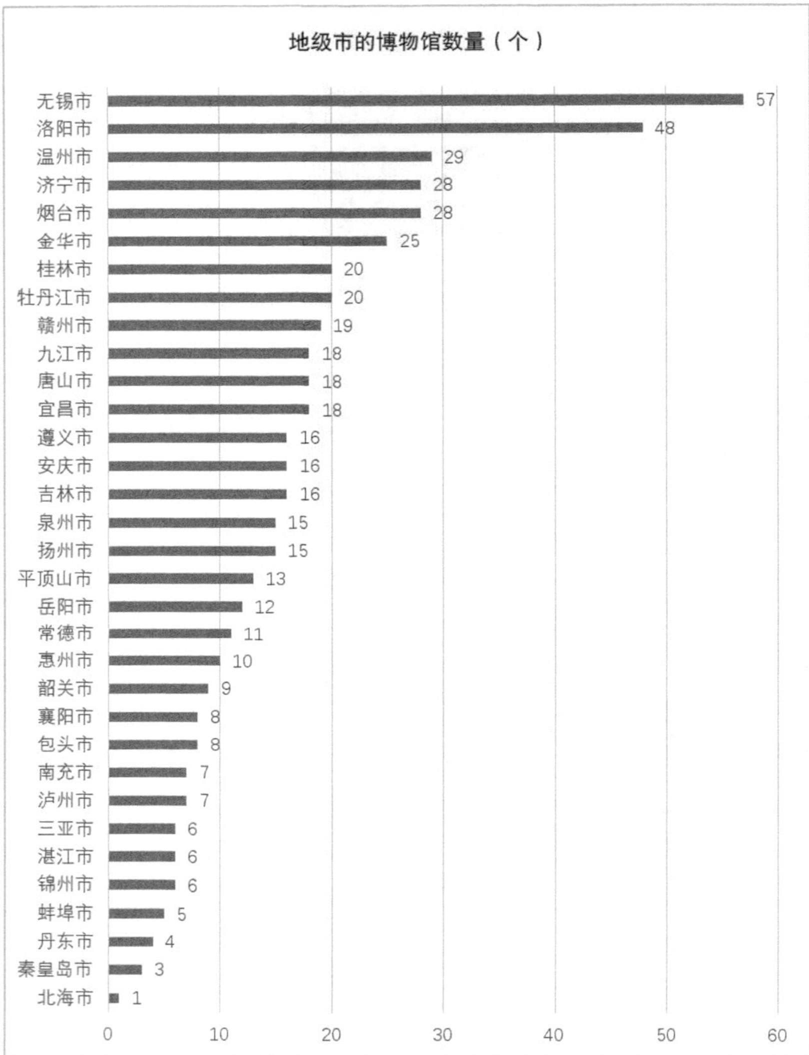


图 2-59 33 个地级市的博物馆数量

## 2.6.4 科技馆在 69 个大中城市的分布情况

在调研的 69 个大中城市中，35 个直辖市、省会（首府）城市、计划单列市建设了科技馆，兰州市未建科技馆，见图 2-60；33 个地级市中，21 个地级市建设了科技馆，12 个地级市未建科技馆，见图 2-61。

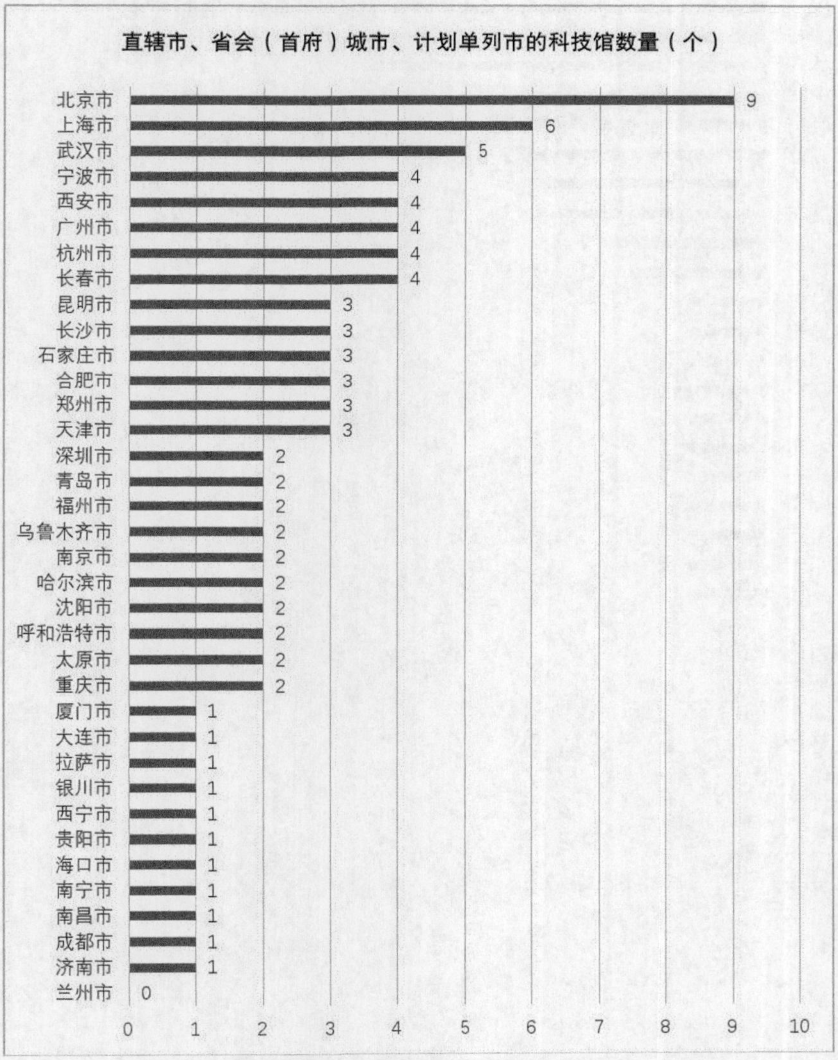


图 2-60　36 个直辖市、省会（首府）城市、计划单列市的科技馆数量

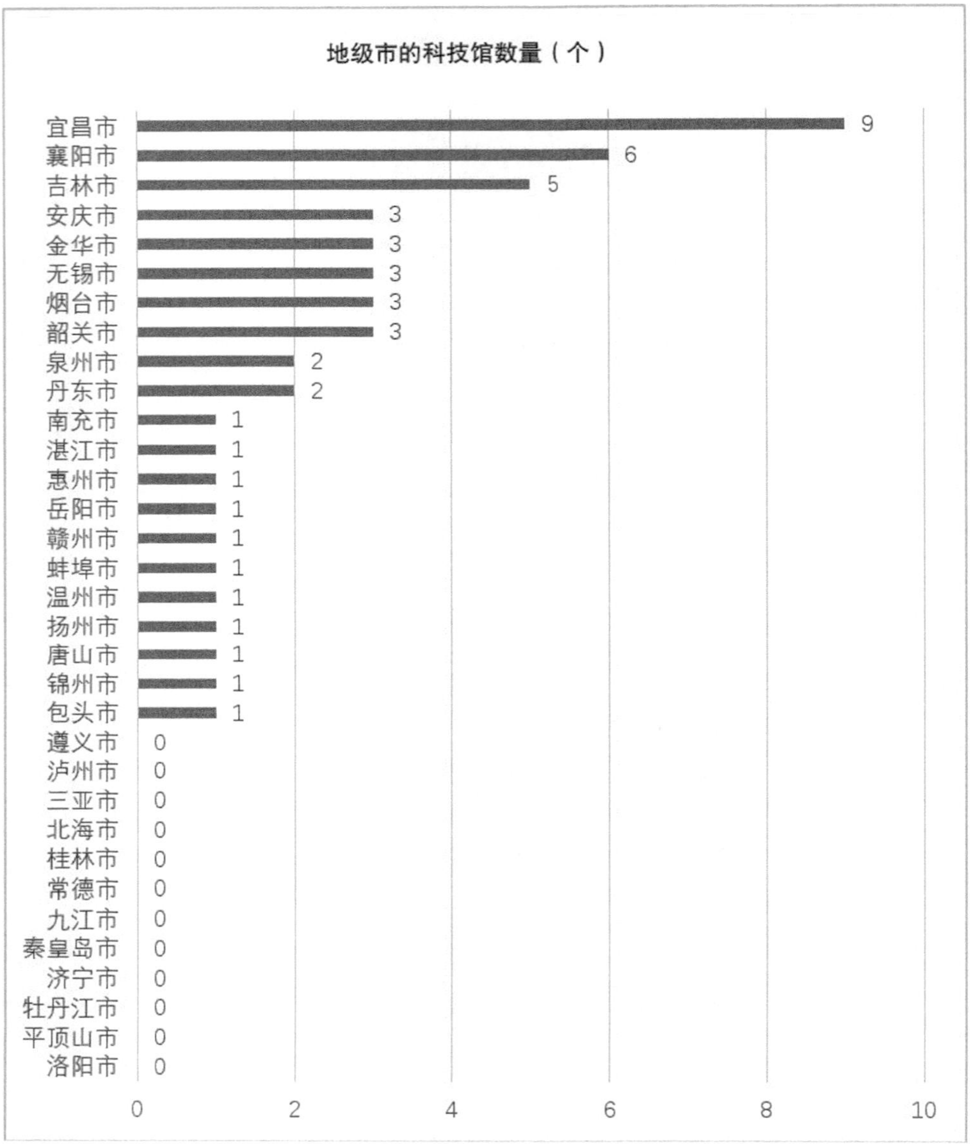


**图 2-61　33 个地级市的科技馆数量**

# 2.7 场馆信息化建设现状

项目组选择了657个不同类型、不同地区的场馆，分别对其信息化建设状况进行了重点调查，调查内容包括官方网站、虚拟场馆（数字场馆）、微信公众号、移动终端（App）、官方微博、邮箱、语音导航、触摸屏8个方面，分析结果如下。

657个场馆中，81.28%的场馆开通了网站，58.45%的场馆开通了微信公众号，40.18%的场馆开通了官方微博，39.73%的场馆开通了邮箱，25.27%的场馆建设了虚拟场馆，21.31%的场馆开设了语音导航，17.35%的场馆建设了触摸屏，8.37%的场馆开发了App。相关数据见表2-61、表2-62和图2-62。

表2-61 支持不同类型服务的场馆数量

| 服务类型 | 场馆数量（个） | 图书馆数量（个） | 博物馆数量（个） | 科技馆数量（个） |
|---|---|---|---|---|
| 官方网站 | 534 | 50 | 430 | 54 |
| 微信公众号 | 384 | 47 | 298 | 39 |
| 官方微博 | 264 | 41 | 198 | 25 |
| 邮箱 | 261 | 33 | 205 | 23 |
| 虚拟场馆 | 166 | 15 | 132 | 19 |
| 语音导航 | 140 | 2 | 128 | 10 |
| 触摸屏 | 114 | 23 | 71 | 20 |
| App | 55 | 21 | 26 | 8 |

表2-62 支持不同类型服务的场馆比例

| 服务类型 | 场馆比例 | 图书馆比例 | 博物馆比例 | 科技馆比例 |
|---|---|---|---|---|
| 官方网站 | 81.28% | 98.04% | 78.32% | 94.74% |
| 微信公众号 | 58.45% | 92.16% | 54.28% | 68.42% |
| 官方微博 | 40.18% | 80.39% | 36.07% | 43.86% |

续表

| 服务类型 | 场馆比例 | 图书馆比例 | 博物馆比例 | 科技馆比例 |
|---|---|---|---|---|
| 邮箱 | 39.73% | 64.71% | 37.34% | 40.35% |
| 虚拟场馆 | 25.27% | 29.41% | 24.04% | 33.33% |
| 语音导航 | 21.31% | 3.92% | 23.32% | 17.54% |
| 触摸屏 | 17.35% | 45.10% | 12.93% | 35.09% |
| App | 8.37% | 41.18% | 4.74% | 14.04% |

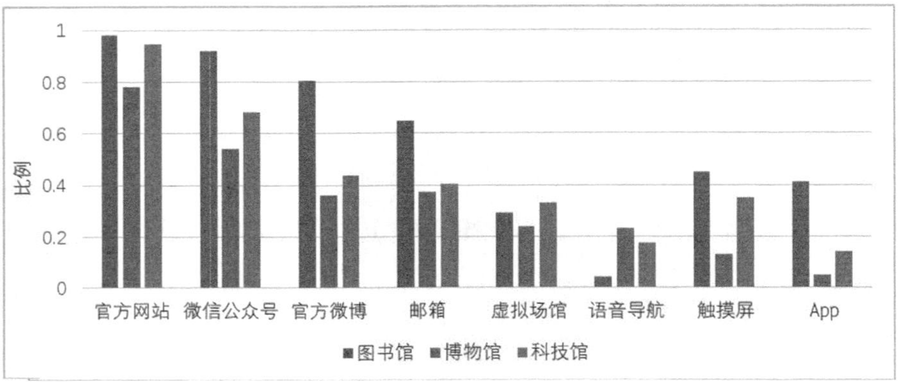


图 2-62　支持不同类型服务的 3 类场馆比例图

智慧场馆与智慧学习

# 第3章 国外场馆学习比较分析

# 3.1 国外场馆发展历程

国外场馆主要指各种类型的博物馆及由最初的文化类、科学技术类博物馆演化而来的图书馆、科技馆等。早期场馆扮演的角色主要是文物储存的场所，用来收集、保存社会上具有历史、艺术、文化以及科学意义的文物。直到 19 世纪，场馆的教育作用才得到人们的关注。场馆收集、保存文物的基本目的在于教育公众，场馆成为公众聚集并进行社会化学习的场所。19 世纪末，从美国最大的场馆共同体和场馆研究组织史密森尼研究院开始，相继有许多场馆为儿童设立了专门的活动室或学习间。通过自由玩耍、角色扮演来体验自然和模拟驾车等活动，儿童不仅获得了相应的知识，还提高了学习科学的兴趣和对科学的认识[①]。

20 世纪 60 年代，以弗兰克 • 奥本海默（Frank Oppenheimer）为代表的一批美国科学家和教育家开始探讨如何利用科技场馆来普及科学知识。1961 年美国弗兰克 • 奥本海默（Frank Oppenheimer）创建了旧金山探索馆（San Francisco Exploratorium），鼓励公众通过参与科技馆的探索活动来学习科学。这是世界上第一个公众可以与展品互动的科学中心，这种公众与展品互动的理念很快得到了世界科技类场馆的认可[②]。20 世纪 70 年代以后，美国国家航空航天博物馆、英国大英博物馆、法国卢浮宫博物馆、澳大利亚博物馆、东京国立博物馆等以教育和学习为重要职能的现代场馆陆续建成，成为重要的教育和学习场所。

目前，发达国家十分重视场馆建设。美国有各类博物馆、科技馆 2400 多座，利用博物馆获取科学信息的人数比例为 61%[③]。美国国家航空航天博物馆、旧金山探索馆在向公众传播科学知识的过程中发挥着重要作用。英国从立法和资金保障两方面大力扶持场馆事业。博物馆和科技中心（科技馆）是英国开展非正规科学教育的重要场所，它们在传播科学知识方面起着不可替代的独特作用。伦敦的大英博物馆自 1759 年起对公众开放。澳大利亚人

---

① 段勇. 当代美国博物馆［M］. 北京：科学出版社，2005.
② 伍新春，曾筝，谢娟，等. 场馆科学学习: 本质特征与影响因素［J］. 北京师范大学学报（社会科学版），2009（05）: 15-21.
③ 胥彦玲，何丹，吴晨生. 国外科技馆建设对我国的启示［J］. 科普研究，2010(01)：59-62+94.

口不足3000万人[①]，但其拥有14个现代化的、展览设施完备的科技中心（科技馆），先进的场馆为澳大利亚国民学习科学知识创造了条件。截至2015年10月，日本共有博物馆5690家（根据2017年文部省社会教育调查的统计），东京国立科学博物馆创建于1872年，距今已有100多年历史[②]。

## 3.2 国内外城市场馆建设对比

项目组选择了30个国内外大型城市，其中，国内城市有15个，国外城市也有15个，如表3-1所示。项目组从陆地面积、人口数量、场馆数量、每百万人口对应场馆数及场馆密度5个方面分析了城市场馆建设情况。分析方法主要采用了独立样本T检验、曼－惠特尼U检验、皮尔森相关系数分析、斯皮尔曼相关系数分析。独立样本T检验和曼－惠特尼U检验都是用于比较两组平均数的差异是否显著，区别在于独立样本T检验使用T分布理论检验两组数据之间是否存在显著差异，而曼－惠特尼U检验主要通过“曼－惠特尼秩和检验方法”来检验两个总体的均值是否有显著的差别。

表3-1　30个国内外大型城市

| 序号 | 国内城市名称 | 序号 | 国外城市名称 |
|---|---|---|---|
| 1 | 北京 | 1 | 巴黎 |
| 2 | 成都 | 2 | 柏林 |
| 3 | 广州 | 3 | 东京 |
| 4 | 哈尔滨 | 4 | 赫尔辛基 |
| 5 | 杭州 | 5 | 华盛顿 |
| 6 | 南昌 | 6 | 旧金山 |

① 数据来自世界银行。
② 胥彦玲，何丹，吴晨生. 国外科技馆建设对我国的启示［J］. 科普研究，2010（01）：59-62+94.

续表

| 序号 | 国内城市名称 | 序号 | 国外城市名称 |
|---|---|---|---|
| 7 | 南京 | 7 | 堪培拉 |
| 8 | 青岛 | 8 | 里约热内卢 |
| 9 | 上海 | 9 | 伦敦 |
| 10 | 沈阳 | 10 | 罗马 |
| 11 | 天津 | 11 | 莫斯科 |
| 12 | 西安 | 12 | 纽约 |
| 13 | 长春 | 13 | 渥太华 |
| 14 | 郑州 | 14 | 悉尼 |
| 15 | 重庆 | 15 | 雅典 |

### 3.2.1 城市陆地面积

国外城市陆地面积的数据来源于国际大都会市长交流基金会（City Mayors Statistics），国内城市陆地面积的数据来源为《中国城市统计年鉴—2016》。根据曼－惠特尼 U 检验的结果发现，国内外城市之间的陆地面积呈现显著差异，陆地面积最大的为重庆市，其城市陆地面积为 82374 平方千米；面积最小的是赫尔辛基，其陆地面积仅为 479 平方千米，如图 3-1 所示[①]。

① 西安的数据来自《中国城市统计年鉴—2016》。

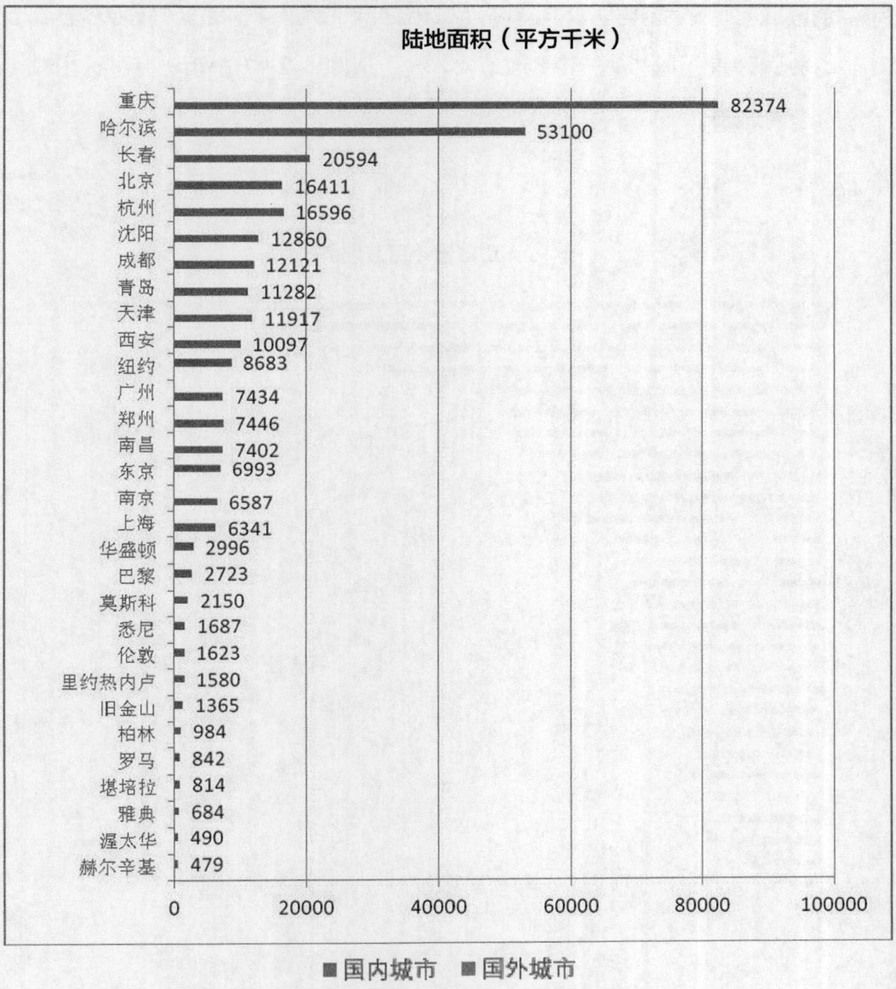


**图 3-1　国内外 30 个城市的陆地面积**

## 3.2.2 人口数量

各城市人口数量的数据来源于联合国（The United Nations，UN）、经济合作与发展组织（Organization for Economic Co-operation and Development，OECD）的数据库。

根据曼 - 惠特尼 U 检验的结果发现，国内外城市之间的人口数量呈现显著差异，且国内城市的人口平均数显著大于国外城市的人口平均数，从图 3-2 中也可以明显看出排名较前的城市大部分为国内城市。

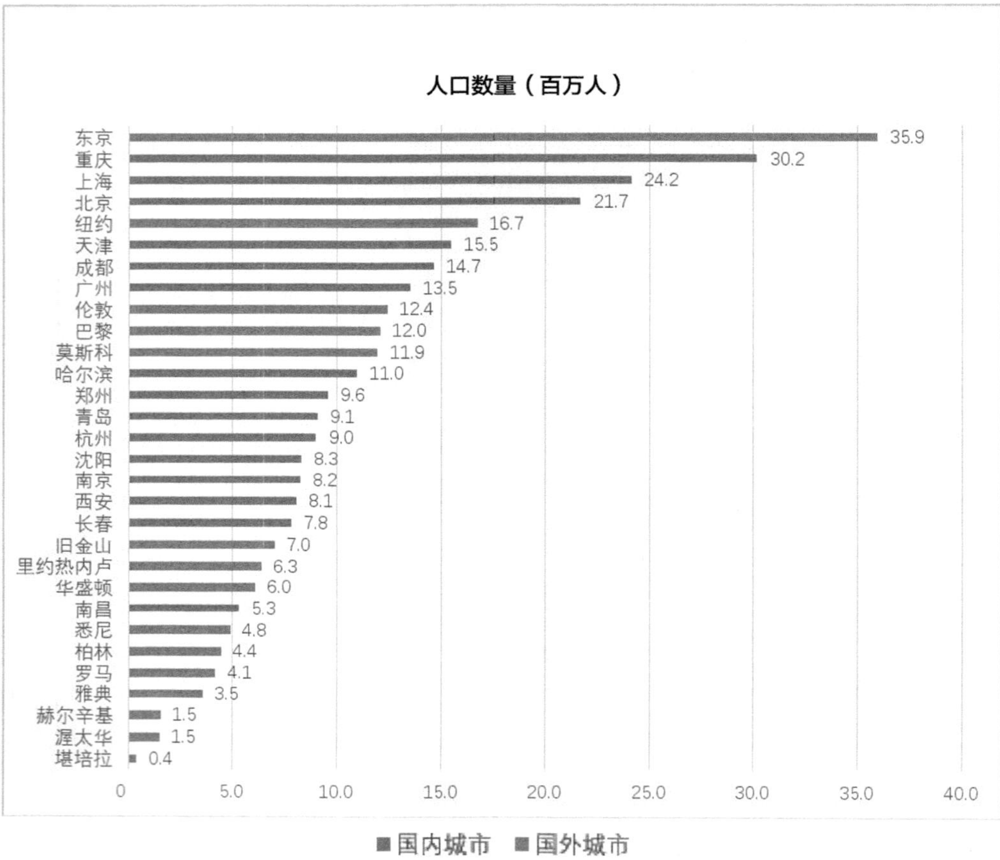


**图 3–2　国内外 30 个城市的人口数量**

## 3.2.3 场馆数量

国外城市场馆数量的数据来源于各个国家博物馆数据统计网站，国内城市场馆数据选用了各个城市博物馆和科技馆的数据。根据独立样本 T 检验的结果可知，国内外城市的场馆数量呈现一定差异。从图 3-3 中可以看出罗马、伦敦和莫斯科的场馆数量位居前三名，大部分国外城市的场馆数量排名靠前。

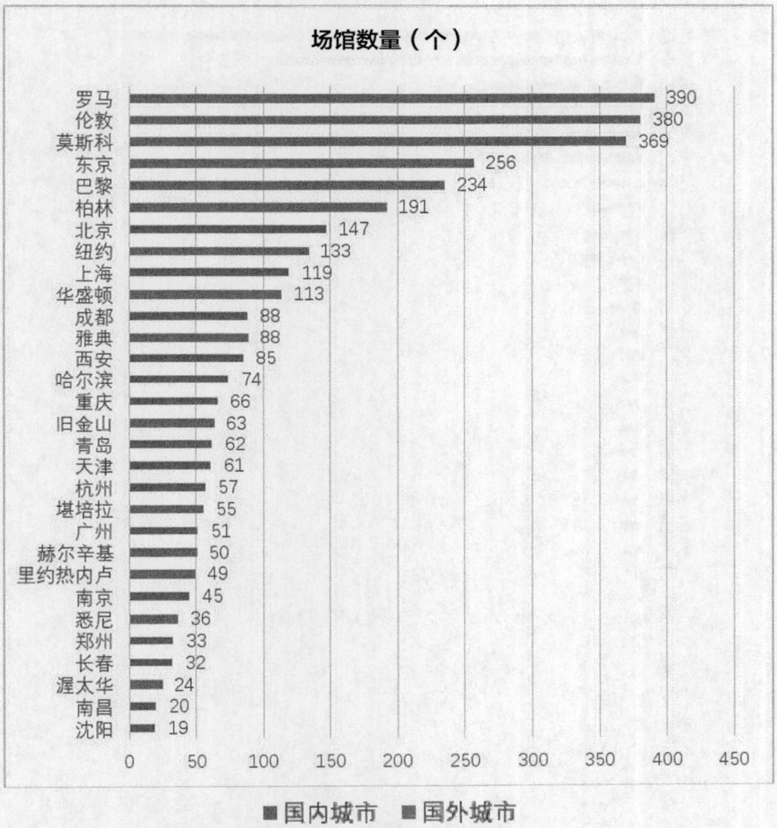


图 3-3 国内外 30 个城市的场馆数量

## 3.2.4 每百万人口对应场馆数

每百万人口对应场馆数这一指标主要通过场馆数比人口数得出［$t=N_1/(N_2/1000000)$］，$N_1$ 代表该市场馆数，$N_2$ 代表该市人口数）。根据曼－惠特尼 U 检验的结果发现，国内外各大城市的每百万人口对应场馆数呈现一定差异，从图 3-4 可以看出国外城市的场馆数量显著多于国内城市的场馆数量。

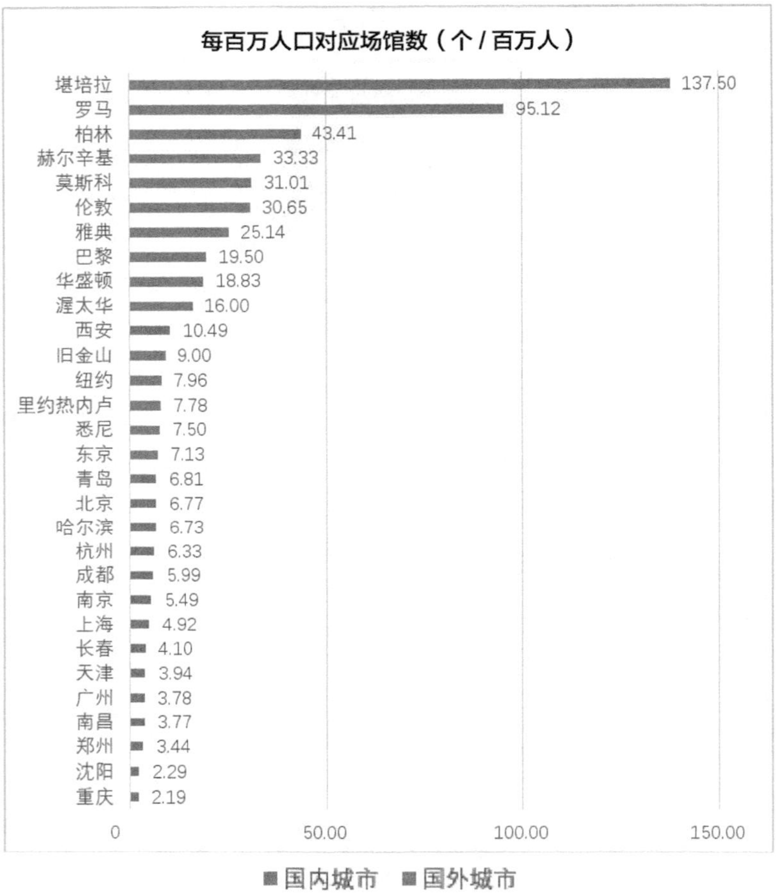


图 3-4　国内外 30 个城市每百万人口对应场馆数

## 3.2.5 场馆密度

场馆密度这一指标主要通过场馆数比陆地面积得出（$t=N_1/N_2$，$N_1$ 代表该市场馆数，$N_2$ 代表该市陆地面积）。根据曼 - 惠特尼 U 检验的结果发现，国内外各大城市的场馆密度呈现显著差异，从图 3-5 中可看出国外城市场馆密度排名大部分位于前 15 名；而国内城市场馆密度排名大部分位于后 15 名。

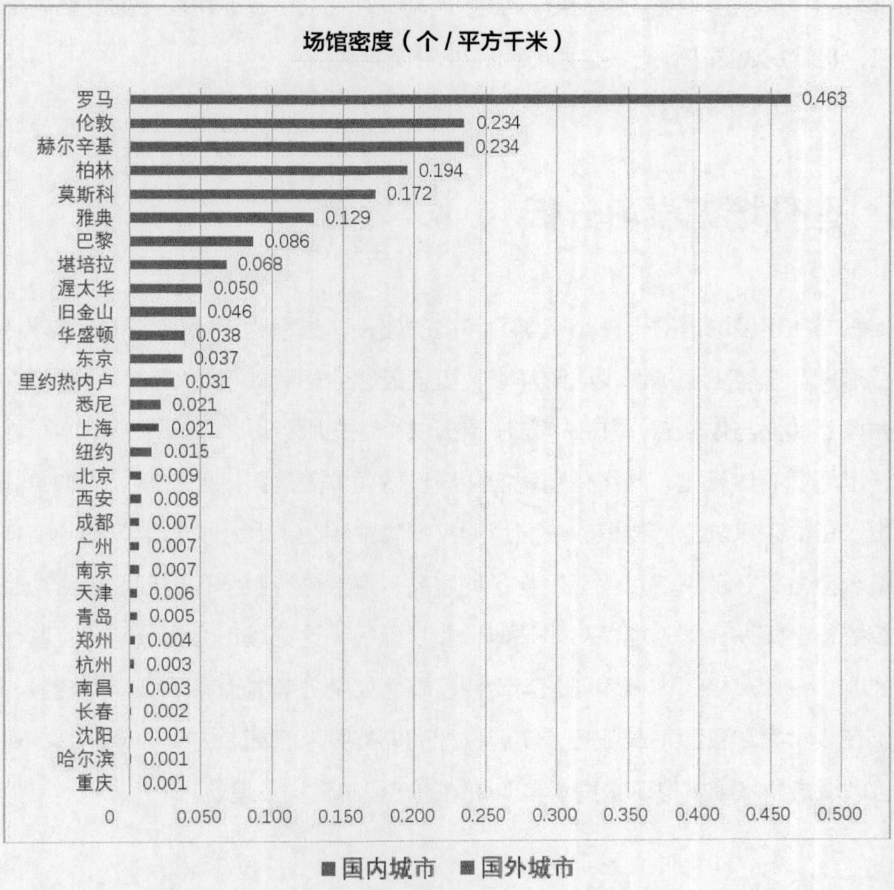


图 3-5 国内外 30 个城市的场馆密度

## 3.2.6 结论

通过分析发现，国内外城市在陆地面积、人口数量、场馆数量、场馆密度及每百万人口对应场馆数这 5 个方面都存在差异。此外，通过斯皮尔曼相关系数分析可以看出，每百万人口对应场馆数与场馆密度呈强正相关，陆地面积和人口数量呈强负相关，场馆数量与人口数量不相关。国外城市场馆数量多，国内城市场馆数量少，场馆数量排名在前六位的都是国外城市。国内城市在场馆密度和每百万人口对应场馆数这两个方面要显著低于国外的平均值，也就是说国内城市在这两方面还处于较低水平。

## 3.3 国外场馆学习分析

国外城市在建设场馆时十分重视学习环境的建设，注重利用场馆来开展学习活动。国外场馆在形式和内容上更加重视人的需求，更接近社会生活的各个领域，注重科学技术的应用，强调互动性与体验感，并且非常注重提供个性化服务以及提升用户的学习体验好感度。在场馆环境的信息化、网络化和智能化建设方面，美国国家航空航天博物馆、英国大英博物馆、日本东京国立博物馆、法国卢浮宫博物馆和澳大利亚博物馆等已经实现场馆内无线网络全覆盖，并利用信息化手段将各种展品、资源进行数字化处理，以帮助公众学习和了解相关科学知识。国外场馆对网站建设非常重视，这些场馆会充分利用互联网技术，从原创能力、设计风格、内容表现、互动性、个性化服务等方面来加强网站建设，从而为公众提供在线学习和资源下载服务，实现资源的网络共享互通，方便公众学习。许多场馆还运用谷歌街景技术或虚拟现实技术实现场馆的在线“真实”呈现。

### 3.3.1 场馆信息技术应用

由于信息与通信技术（Information and Communications Technology，ICT）在场馆展览应用中具备一定的优势，并且 ICT 与创新具有密不可分的联系，所以 ICT 应用于场馆展览创新将成为场馆发展的必然趋势，这也是信息化社会发展的要求。将 ICT 应用于场馆展览创新有利于现有的场馆信息资源充分发挥作用，也有利于普及科学技术，还有利于公众全面、可靠地了解场馆知识。互联网、大数据、云计算、信息技术的应用对场馆智慧学习的建设起到了非常重要的作用。场馆智慧学习就是要利用信息技术手段来优化公众的场馆学习体验，以促进场馆学习功能的充分发挥，从而实现信息技术与场馆学习系统各要素、各环节的深度融合和无缝连接，并使传统的实体场馆与在线的虚拟场馆实现有机结合。

在完善网站建设方面，大英博物馆建设的网站令初次参观者感受到了信息化带来的便利。该网站提供了地图应用程序以及语音导航功能，地图上清晰地标明了藏品的位置，便于参观者在博物馆中找到它们。除此之外，博物馆内的 800 余件藏品的照片和说明信息都被涵盖在应用程序中，每张照片都注有说明、位置信息以及链接。应用程序中的音频描述了博物馆中的十大藏品，例如罗塞塔石碑（Rosetta Stone）、帕特农神庙雕塑（Parthenon Temple Sculpture）、墨西哥马赛克（Mexican Mosaics）和贝宁青铜器（Benin Bronzes），该音频介绍了展品的由来以及博物馆得到展品的途径，还在地图上标明了展品的位置，方便参观者在博物馆中寻找。参观者可以对地图放大、缩小和平移，能体验比纸质地图更丰富的功能，例如查阅展品的详细信息、博物馆的开放时间以及如何使用公共交通工具到达博物馆等。该应用程序不需要无线网络，所有的信息都可以提前下载到移动设备中。

2012 年，IBM 与卢浮宫合作，以保存和保护其设施和艺术品。在此之前，卢浮宫的工作人员开展日常设施维保工作都是通过纸质文件进行的。IBM 的软件使卢浮宫的整个设施实现可视化。例如，集成数据库能够对博物馆的各个流程进行可视化操作，包括展室和各种设施系统（如空调系统、采暖系统、电梯、展室或展厅的照明以及 2500 多扇门的锁闭系统）的前期规划、清洁维护等。使用该软件后，工作人员能够更好地在日常工作中做出决策。更为重要的是，此软件能够及时发现潜在的问题，能对设施设备和系统性能提供可靠的预测，能使博物馆管理者更好地确定需要进行维修或更换的设备，从而避免造成更大的损失。对卢浮宫而言，在妥善保管数量众多的艺术珍品的同时接待数以百万计的游客，是个严峻的挑战。博物馆管理者可以在统一的数据库中监控整个博物馆设施的资产状况，以获取每项资产统一并且实时的信息数据。

卢浮宫网站的内容很丰富，除了介绍馆内的展品和活动之外，还提供了大量的专题系列路线，让参观者能初步了解馆内藏品的情况。参观者可以在网站上查看路线，还可以在参观博物馆之前将其打印出来以做参考。对于初次拜访卢浮宫的参观者而言，提前在网站上下载一个音频指南非常必要。音频中包含博物馆馆长和讲解员对卢浮宫及其中的藏品的专业介绍。在博物馆专家的指引下，参观者就可以畅游卢浮宫。如果不使用指南内的路线，参观者也可以按自己的方式探索，选择性地参观卢浮宫。

对于不能亲自到卢浮宫参观的旅客，卢浮宫提供了官方应用程序，让这些游客可以使用自己的移动设备探索卢浮宫，了解其历史。应用程序中展示了上百件博物馆展品，每件展品都有细节图片和简短的文本说明，并且细节图片可以被放大。法国的卢浮宫博物馆利用移动客户端实现了场馆内景点的实时导引，能帮助游客迅速到达目的地。卢浮宫还向游客提供内置了音频导游指南的任天堂 3DS XL 游戏机，可以让游客在 3D 环境下参观卢浮宫。这种专用的设备还能够追踪使用者的位置，从而让游客在博物馆内得到一步一步的引导，既不会迷路，又能欣赏到更多的自己喜爱的展品。游客在参观中不仅能够与展品进行互动，同时还能实时查询自己的位置，获得路线优化导引服务，从而调整参观行程并选择自己需要的服务。

## 3.3.2 场馆与学校教育相结合

场馆学习具有自主选择的特性，是一种自发性的学习活动。与学校学习不同，场馆学习没有升学、考试的压力，且不受学习者的年龄、时间、文化水平等限制。人们可以根据自身的兴趣、爱好来选择场馆学习的内容、方法，还可以通过参与、互动等方式来体验科学过程、学习科学文化知识。同时，随着人们对场馆学习的逐步重视，博物馆、科技馆学习与学校教育的有效衔接可以最大化地利用场馆学习资源。

美国自然历史博物馆对公众的教育分不同层面展开。在纽约地区，博物馆会与当地的公立学校广泛合作，不仅给这些学校的教师提供培训，而且也会安排学校组织学生参观博物馆。美国自然历史博物馆提供的数据显示，每年都有超过 40 万名的中小学生通过学校组团到该博物馆参观，并且这些中小学生还会参加博物馆组织的正式教育活动。讲解员在给学生介绍馆藏的同时，也会带领学生动手做实验，使他们对环境、恐龙时代、宇宙及世界文化等知识有所了解。此外，美国自然历史博物馆还会提供免费的课外讲座来补充讲解中学生在课堂上所无法了解到的知识。

美国国家航空航天博物馆编撰与航空航天相关的书籍，包括史密森航空与航天史系列、儿童飞行等书籍。此外，博物馆馆长还校订了《剑桥百年飞行系列》（剑桥大学出版社，Cambridge University Press）、《帕尔格雷夫科学技术史研究》（帕尔格雷夫 麦克米兰，Palgrave Macmillan）、《飞行一百周年系列》（德克萨斯 A & M 大学出版社，Texas A&M University Press）、《运动与美国文化》（密苏里大学出版社，University of Missouri Press）等书籍。

旧金山探索馆设立了一系列的教育中心。该馆设立了教师培训中心（Teacher Institute）来提供科学教师培训，该培训旨在培养在职教师将手动实验和基于探究的学习方式融入课堂中的能力，具体包括暑期学院（Summer Institute）、教师入门培训（Teacher Induction Program）和教师领导力项目（Teacher Leadership Program）等培训项目，并且提供专门相应的调查中心旨在调查中心的培训情况。同时，在弗兰克·奥本海默（Frank Oppenheimer）撰写的《探索馆：一个将艺术融入科学教育的娱乐性博物馆》（The Exploratorium: A Playful Museum Combines Perception and Art in Science Education）一文中，主要从探索博物馆环境下学习的多种特性（全方位的观摩、艺术与科学的结合、学习与游玩的结合、感官的刺激等）的角度，强调了探索博物馆环境最适合进行多学科下的研究调查学习。

加拿大科学技术博物馆的教育项目主要包含学校教育项目（2018 年正式开启）、虚拟教育项目和教育装备体验项目。虚拟教育项目主要面向小学生和初中生，该馆提供大量资料、指南以及场地供教师和学生学习；教育装备体验项目同样是主要面向小学生和初中生，该馆提供不同的教育装备组合（例如传感器、透镜、电子元件等）来开展学习活动。

英国大英博物馆由于其庞大的馆藏吸引了大量的学生入馆参观。该馆根据不同主题免费对 K-12（基础教育阶段）学生和老师开放，并提供一系列电子资料作为参观前的准备资料及参观中的建议和指南。同时，该馆还配备一个由三星公司赞助的电子探索中心（Samsung Digital Discovery Centre），该中心旨在通过三星高端电子设备使儿童能够轻松探索世界和学习文化知识。除此之外，该中心还致力于研究和探索电子设备辅助下的儿童博物馆学习，并发表了许多文章。此外，该馆也会提供针对教师的培训项目。

澳大利亚博物馆直接设立了管理、科研、陈列、社交和教育等部门，其中教育部门主要负责开展丰富多彩的科普教育活动，同时馆内设有教育中心，用于为中小学生上课。在假日里，该博物馆还会组织许多活动，如放映科普电影、观看显微镜标本、野外考察旅游等。

东京国立科学博物馆与旧金山探索馆类似，建立了教师培训机制，并且提供针对相关从业人员的进修培训。同时，该馆面向学生开展了一系列的活动，主要包括面向小学生的模型制作等动手实验活动，以及面向大学生和研究生的多种类型的讲座和研讨会。该场馆开展的科学普及教育活动十分多样，馆内还设有博物馆教室、自然教室、科学教室、儿童中心，这些场地多用于举办自然历史讲座、科学技术讲座、天体观察活动及放映科教电影等。

东芝未来科学馆提供在线课程，主要介绍东芝公司的历史、科技和首创经历等。展馆内的课程也很多样，包含公益科学文化活动和科普知识介绍等。展馆还会定期举办各类不同主题的特别展出。值得一提的是，其以“智能社区东芝 × 川崎”为主题的开馆纪念特别展出介绍了川崎市与东芝共同开展的智能社区建设项目。

### 3.3.3 场馆与研究性学习

场馆学习提供泛在学习与个性化学习共存的学习新模式，改变了学习方式，提升了学习效果。公众可以在任何时间、任何地点、任何情境进行自主性的带有学习目的或无意识的学习活动。场馆学习可以根据公众的喜好、行为特点等来构建公众的需求模型，并能在此基础上进行个性化筛选，从而向公众推送其需要的信息，达到最佳的学习效果。

美国的旧金山探索馆是一个公众学习实验室，通过科学、艺术和人类感知来探索世界，强调科技与艺术的结合，强调动手、交互、体验、探究及自主学习的发展理念。探索馆提出“创造基于探究式的体验，改变学习模式”的使命。其愿景是“营造一个让公众独立思考、可以自信地提问、质疑答案及理解周围的世界”。探索馆创始人弗兰克·奥本海默（Frank Oppenheimer）呼吁博物馆界改弦易辙，增加参与式的展示及教育活动。强调“科技馆应以增加观众个人的亲自体验和学习机会为宗旨”，并将科学、技术与艺术熔于一炉，让观众利用自己的感官亲自去体验、探索和发现。

安大略科学中心作为技术、科学和社会公众对话的场所，强调通过大量互动展品，为公众提供探索、学习、协作体验，使公众在动手参与、亲身体验的过程中感悟科技知识，激发人们探索的激情。安大略科学中心从受众需求出发来实施科普教育，一是强调创设科技体验情境，努力将新的科技内容、好的展示手段、好的科技展品引入科学中心，是充满活动的科学体验发明者。二是极其强调创新，将“互动性”作为永久特征，互动性展览“摇滚中的科学”探索了先进科技如何变革我们创作、聆听、体验和分享音乐的方式，使公众参与体验艺术、科学与技术的融合。注重与社区的联动，形成较为成熟的社区科学教育，创造更多与公众对谈的机会，激发求知欲、好奇心和探索精神。三是强调提升青少年科学素养和创新技能的突出作用，为各个年龄层次的青少年设计开发不同的参与性教育项目，覆盖多学科、多时段，为青少年提供科学乐趣[①]。

### 3.3.4 场馆与社区服务相结合

场馆如何成为社会和文化的“灯塔”，如何成为增加社会价值、满足公众需求不断增长的平台成为重要的课题。在国外，人们都愿意去场馆，是因为场馆根植于它们所在的地区，能够塑造和传达认同感，并能建立起地域特色。好的场馆都能够和社区紧密联系，能展现当地的文化和历史。场馆是社区的好邻居，不仅能够作为社区中心，并且还能够与其他的社区组织共享空间、技能和资源，是一个增强地区经济活力和促进社会、经济发展的关键场所。

西方提出的开放博物馆的观念和做法，被认为是博物馆改革的重大举措。1989年，英国格拉斯哥博物馆把展品送到社区，称其为开放博物馆，此举被誉为英国博物馆改革的先驱。澳大利亚国家委员会主席麦克迈尔提出博物馆的“社会教育”概念，即博物馆不仅要参与科学文化教育而且要参与社会教育。戴亚雄先生则从社会教育的角度考察了博物馆教

① 桂诗章，王茜. 国外科技馆发展前沿及启示——以美国和加拿大的两馆为例［J］. 未来与发展，2016（6期）：23-26.

育与社区教育的关系，提出“博物馆教育既要服务于社会，也要服务于社区”的观点。

美国自然历史博物馆针对中小学生、成年人、教育者等多种人群开放不同类型的活动，例如展览、户外探索发现、表演、讲课、聚会等多种形式，提供了丰富的项目和资源。旧金山探索馆建立了探索世界的公共学习实验室，鼓励探索、创造和社会联系。东芝集团对1961 年开放、位于川崎市幸区小向的东芝未来科学馆进行了改建。全新的东芝未来科学馆是一座保存并展出产业遗产的场馆设施。该馆致力于与当地社区合作，免费对观众开放，为众多参观者提供了接触科学的机会。同时，面向新生代的孩子，东芝未来科学馆还将继续举办各种学习、体验式的科普展览及科普互动活动。

### 3.3.5 场馆与城市发展

文化是城市的核心，美国城市规划思想家刘易斯·芒福德（Lewis Mumford）认为，场馆是城市中最有价值的文化机构。场馆文化是场馆办馆规律的探索、场馆运营智慧的集聚、场馆精神家园的守望和场馆人文态度的磨砺。场馆文化具有文明的原创力、艺术的感染力、人文的震撼力和历史的穿透力。场馆文化是场馆魅力之所在、发展动力之所在、文脉传承之所在和未来时空之所在。场馆是传播人类知识之地，是人类收藏历史记忆的凭证和熔铸新文化的殿堂，它担负着保护、研究、展示人类环境遗存和推动人类文明发展的重要责任。场馆作为公共文化服务体系的重要组成部分，在公共场馆实施免费开放政策后，得到了社会各界前所未有的关注和支持。场馆既能保护文化遗产、惠及民生、丰富公众文化生活，又能促进社会发展。

场馆作为城市的公共文化空间，其所承载的文化是吸引人前来参观的原因。一般来说，场馆往往坐落在区域文化中心——城市中，城市的过去、现在与未来都会在场馆中体现出来。场馆成为人们在一座城市参观、游览和留下美好记忆的地方，所以场馆旅游是城市旅游的重要组成部分。从微观层面看，场馆是珍贵的历史文化资源的载体，以传播、展示、宣传文化为己任；而从宏观层面看，场馆则是城市文化发展的象征，具有文化对话、跨区域交流、提升城市凝聚力、促进区域经济发展等诸多功能。场馆的重要作用决定了它是城市旅游和文化发展的长久生命力所在。国外场馆学习典型案例分析如表 3-2 所示。

表 3-2 国外场馆学习典型案例分析

| 编号 | 场馆名称 | 场馆信息技术应用 | 场馆与学校教育结合 | 场馆与研究性学习 | 场馆与社区服务相结合 |
|---|---|---|---|---|---|
| 1 | 美国自然历史博物馆 | 配备现代音响设备及电脑屏幕。博物馆导航系统可以免费下载到手机和多种无线终端接收设备上。提供多种 App，例如移动导游、小游戏、恐龙等主题应用 | 对公众的教育分不同层面展开。在纽约地区，博物馆会与当地的公立学校广泛合作，不仅给这些学校的教师提供培训，而且也会安排学校组织学生参观博物馆 | 5 个科研部门：人类学、无脊椎动物学、古生物学、物理科学和脊椎动物学 | 针对中小学生、成年人、教育者等多种人群开放不同类型的活动，例如展览、户外探索发现、表演、讲课、聚会等多种形式，提供了丰富的项目和资源 |
| 2 | 旧金山探索馆 | 具有网络视频资源、网络在线课程、手机 App、博客、网站、多媒体资源等 | 设立了一系列的教育中心 | 强调科技与艺术的结合，强调动手、交互、体验、探究及自主学习的发展理念 | 建立了探索世界的公共学习实验室，并且为成年人提供夜校教育 |
| 3 | 卢浮宫博物馆 | 借助 IBM 的软件，使整个基础设施实现可视化。网站内容丰富，除了介绍馆内展品和活动之外，还提供了大量的专题系列路线，能让参观者初步了解馆内收藏品的情况。为方便不能亲自到馆参观的旅客，该场馆还提供了官方应用程序，让游客可以使用自己的移动设备探索和了解展馆 | 致力于与教育优先特区（Zones d’Education Prioritaire，ZEP）合作，该组织致力于改善失败的学校教育。具体来说卢浮宫博物馆与其合作的项目覆盖了 40 个地区 | 研究重点主要集中在馆藏品上，所有的研究项目均与艺术品和博物馆有关。不同展区包含不同的研究中心，可将这些研究中心视为小型图书馆，其可提供大量的科研资源。还设立了一个新的研究中心多米尼克·维万特·德农研究中心（The Dominique-Vivant Denon Research Centre），其主要致力于建筑学、博物馆技术学、博物馆的任务和博物馆的参观者 4 个领域的研究 | 无 |

续表

| 编号 | 场馆名称 | 场馆信息技术应用 | 场馆与学校教育结合 | 场馆与研究性学习 | 场馆与社区服务相结合 |
| --- | --- | --- | --- | --- | --- |
| 4 | 加拿大科学技术博物馆 | 具有网络视频资源、手机 App、博客、网站、多媒体资源等 | 教育项目主要包含学校教育项目（2018 年正式开启）、虚拟教育项目和教育装备体验项目 | 提供专门的频道，内含丰富的馆藏多媒体资源，主要包含农业、艺术设计、航空、生物、金融、化学等领域 | 无 |
| 5 | 柏林国立博物馆 | 该馆提供在线馆藏数据库，其馆内藏品多以多媒体的形式展现，公众可在网站上免费欣赏各类文物 | 馆内为成年人和儿童同时提供导览会和展览会。馆内配有访客服务部门，其主要协调学校与博物馆之间的协作教育工作，并为许多中小型企业博物馆提供教育导游服务、研讨会和其他活动，同时还专门针对不同年级和学校课程的具体主题需求提供不同的项目 | 该馆的研究重心在文物的收藏、保存和展示方面，以及对藏品进行研究和分析。馆藏品中绝大多数的物品为考古研究提供了基础。该馆也开展跨学科和跨博物馆的国际研究项目 | 无 |
| 6 | 东芝未来科学馆 | 定期举办各类不同主题的特别展会。参观者可以观赏到以川崎市为舞台背景的网络动画（Web 动画），还可以体验智能城市的生活 | 提供在线课程，介绍东芝公司的历史、科技和首创经历等。展馆内的课程则更多样，包括公益科学文化活动和科普知识介绍等，并会定期举办各类不同主题的特别展出 | | 致力于与当地社区合作，免费对参观者开放，为众多参观者提供接触科学的机会 |
| 7 | 雅典卫城博物馆 | 在线资源主要为学生提供便利，参观者有机会通过专门设计的在线应用程序、教育手册、博物馆工具包和简短的介绍来欣赏博物馆的展品 | 在 2017—2018 年期间为中小学生提供教育培训项目和活动，主要目的是使学校和学生与古希腊文明和博物馆展品保持密切联系。该馆还面向不同年龄群体的学生开展了不同的教育项目（群体包括幼儿园学生、中小学学生、高中生、教师） | 博物馆每年定期提供年度报告 | 无 |

续表

| 编号 | 场馆名称 | 场馆信息技术应用 | 场馆与学校教育结合 | 场馆与研究性学习 | 场馆与社区服务相结合 |
|---|---|---|---|---|---|
| 8 | 美国国家航空航天博物馆 | 提供网络在线展览功能，网站中的展品主要为过去展馆内所陈列的展品，并配备多媒体画廊 | 为儿童编撰相关书籍 | 无 | 无 |
| 9 | 英国大英博物馆 | 网站提供了地图应用程序以及语音导航功能，地图上清晰地标明了藏品的位置，便于观众在博物馆中找到它们。使用应用程序不需要无线网络，所有的信息可以提前下载到移动设备 | 其庞大的馆藏品吸引了大量的学生入馆参观，该馆根据不同主题免费对 K-12 学生和老师开放，并提供一系列电子资料用作参观前的准备资料及参观中的建议和指南 | 无 | 无 |
| 10 | 东京国立科学博物馆 | 有磁力悬浮火车的工作模型，以及一架飞机模拟器供参观者像飞行员一样施展驾驶技术，还拥有其他多媒体资源 | 建立了教师培训机制，并且提供针对相关从业人员的进修培训。同时，该馆也面向学生开展了一系列的活动 | 无 | 无 |
| 11 | 澳大利亚博物馆 | 能进行网络会议，并提供了视频材料 | 直接设立了管理、科研、陈列、社交和教育等部门，其中教育部门主要负责开展丰富多彩的科普教育活动，同时馆内设有教育中心，用于为中小学生上课 | 无 | 无 |

续表

| 编号 | 场馆名称 | 场馆信息技术应用 | 场馆与学校教育结合 | 场馆与研究性学习 | 场馆与社区服务相结合 |
|---|---|---|---|---|---|
| 12 | 芬兰国家博物馆 | 无 | 该馆认为参观博物馆是对学校教育的补充。参观博物馆可以有效加强学生对历史、宗教、伦理、纺织工艺、技术工艺、家政和艺术等方面的认识。此外该馆还允许拥有芬兰教师联盟卡的教师免费参观博物馆和参加课外活动，以及提供低价的教师专用导游，还为教师提供了博物馆展览的免费信息和培训课程 | 该馆设立有保护实验室（Conservation Laboratory），其最主要的任务是保存文化遗产，保存的主要手段是监督存储和展览的条件以及发布有关物品适当处理的信息，从而保存文物的完好。保护实验室经常参与到装配和拆除展览以及文物运输的过程中，并特别重视人工制品的安全。该实验室还会根据材料、制造方法以及可能发生的损害来检查对象的完好性，对象的状态和对它进行的任何行为都将被记录下来 | 无 |
| 13 | 巴西国家博物馆 | 无 | 该馆在教育方面除了举办临时性和永久性的向公众开放的展览和教育活动之外，还开设了许多专业课程，其中包含研究生和博士生的研究课程。这些课程主要由不同部门合作开设 | 馆内设有不同的研究中心，包含生物人类学部、社会人类学部、考古学部、语言学部和动物行为学部 | 无 |

### 3.3.6 结论

对国外场馆学习发展的现状进行分析，可以了解国外场馆学习发展的趋势。首先，场馆学习的发展与科学技术是相辅相成的。其次，场馆学习的发展离不开人文理念的支持。最后，场馆学习发展的趋势表现在政府投资的力度进一步加大、场馆数目逐渐增多、场馆建设逐步多元化和系统化、展教方式越来越丰富、信息化越来越显著等方面。

**1. 场馆整体建设更加多元化、系统化**

当今的场馆知识非常多元化，场馆也不再局限于普及科学知识。在国际公众科学技术传播网络组织的历次国际会议上，越来越多的学者开始关注科学知识与多元文化的关系、科学知识与本土文化的关系、科学知识与社会的关系以及科学知识与人文科学的关系。

**2. 展教方式更加丰富**

最初的场馆的形式是自然史场馆，当时的场馆主要是以收藏、展示、研究自然遗存物为主，展呈方式主要是静态陈列，主要目的是向社会大众普及科学知识。随着场馆教育专业理念的改变，“动手做”“探究式学习”“建构主义”等先进教育理念在场馆中被运用与实践，场馆开始有针对性地开展展教活动。

**3. 信息化趋势越来越突出**

目前，全世界正处于互联网快速普及且广泛应用的时代，公众获取信息的方式发生了极大的改变。现代场馆顺应社会发展的要求，逐步与互联网紧密结合，并借助网络的移动性、便捷性与资源共享功能，向更多的公众传播科学思想、普及科学知识。场馆网站在传播科学知识的过程中发挥着日益重要的作用。

# 第4章 我国场馆智慧学习的主要特征

## 4.1 场馆智慧学习在智慧社会建设中发挥着显著作用

场馆智慧学习是智慧社会的重要组成部分，在满足人们日益增长的美好生活需要、推动文化建设、提高劳动者素质、改善科技成果转化效果中发挥着重要作用。目前，我国场馆网络化、数字化的进程不断加快，信息化技术应用水平普遍提升，还建设了网络平台和信息系统，实现了信息的交流和共享。大中城市的场馆实现了数字化、网络化，部分场馆实现了虚拟化、移动化，这些场馆都搭建了智能化的学习平台，提供了丰富的学习资源，增强了场馆学习的体验感与互动性，为场馆的智慧学习提供了有力支撑。研究表明，场馆智慧学习与各地区的研发占比指数、创新创业指数存在中度相关关系，研发占比指数、创新创业指数高的城市，场馆数量更多、智慧学习水平更高。场馆智慧学习在智慧社会建设中发挥着显著作用。

## 4.2 场馆信息化建设快速发展

随着信息技术的快速发展，场馆信息化建设进入了快速发展阶段，为场馆智慧学习创造了条件。对 657 个场馆进行重点调查后发现，各类场馆充分利用社交媒体（网站、微博、微信等）向公众传递场馆信息；同时各类移动技术应用不断升级，使公众与场馆能进一步互动和交流。

大中型城市场馆的信息化建设较快，既完成了网络基础设施建设，又实现了无线覆盖。大部分场馆都拥有官方网站、电子邮箱、微博及微信等社交媒体，公众可从中远程获取场馆相关信息。移动技术、智能与虚拟现实技术、资源开发与管理技术等已陆续投入到场馆建设之中。地级市场馆的信息化建设目前处于起步阶段，正逐步完善信息化基础设施，网站、微博、微信等移动应用也被纳入到场馆的信息化建设中。

**1. 博物馆、科技馆的数字化、虚拟化进程加快**

建设数字场馆成为各类场馆发展的新趋势。运用虚拟现实技术、三维图形图像技术、计算机技术、立体显示系统、特种视效技术，可以使实体博物馆、科技馆的资源数字化。公众能在虚拟的场馆中观看馆内各种藏品的三维仿真模型，也能查看各种展品的相关信息资料，并且还能通过数据库检索来查阅馆内各类展品的统计信息。数字博物馆、科技馆具有信息实体虚拟化、信息资源数字化、信息传递网络化、信息利用共享化、信息提供智能化、信息展示多样化等特点。数字场馆能把展品变成鲜活的虚拟模型，进而使公众参与互动，并引发公众的兴趣，从而达到使公众获得知识的目的。北京中医药数字博物馆、北京数字博物馆、中国数字科技馆等都已陆续建设完成。辽宁省博物院网站建设了主题数字博物馆，实现了经典展品的数字化展示。公众可以通过文字了解展品的基本信息，并可以在线欣赏与实物展厅相同的展品，也可以与展品进行简单的互动。

**2. 图书馆向网络化、数字化方向发展**

目前国内大中城市的公共图书馆的信息化程度较高，并且这些图书馆逐步成立了跨地域的服务团队，公众可利用的图书馆信息资源的范围不断扩大。同时，城市图书馆的网络建设与数字资源建设步伐加快，数字图书馆的规模不断加大，为公众提供了更方便、快捷的服务，能满足公众多元化的、碎片化的学习需求。

## 4.3 信息技术为场馆智慧学习提供支撑

随着信息技术从信息化发展到智能化，云技术、大数据、物联网技术、泛在网络技术、人工智能与虚拟现实技术均已成为支撑智慧学习的关键技术[①]，并为场馆学习提供了丰富的资源，增强了场馆学习的互动性，为场馆智慧学习提供了有力支撑。

**1. 云计算、大数据技术助力场馆学习资源共享**

目前，国内大型场馆依托云计算技术，将场馆的学习资源通过云服务平台提供给学习者。同时利用大数据技术解决场馆海量数据的存储问题，提高了数据的读取速度，降低了数据丢失的风险和数据存储的成本，有效提高了数据查询、分析和检索的效率。大数据对

① 杨献民，余胜泉．智慧教育体系建构与关键支撑技术［J］．中国电化教育，2015，（01）：77-84.

各类场馆的服务理念、服务方式、服务手段、服务内容和服务重点等都产生了巨大影响。运用大数据技术集中建设场馆学习资源，可以方便公众在任意时间、任意地点查询场馆学习资源，可以提高学习资源的利用率。运用大数据技术对场馆学习行为进行分析，有助于场馆为公众提供个性化服务。例如，国家图书馆、故宫博物院等场馆都成功地利用云服务、大数据技术帮助公众分享学习资源。

**2. 智能技术与虚拟现实技术提升了场馆学习的体验性**

智能技术与虚拟现实技术不仅是构建数字场馆智慧学习的关键技术，而且为场馆学习开启了一种通过计算机建模、模拟与仿真来感知展品及环境的全新体验式学习模式。智能技术可以根据参观者的个性特征为其提供定制化的支持与服务，能极大地改进与提升参观者的参观体验。例如，基于情境智能的博物馆导引系统可以在没有收到交互请求的情况下向参观者主动提供个性化的精准服务。虚拟现实技术在提供高度逼真的虚拟展品的同时，还能为参观者营造一种浸入式的交互环境，能非常有效地增强参观者在场馆学习过程中的社会性交互体验。研究表明，基于虚拟现实技术构建的三维在线虚拟博物馆，可以增强或影响参观者在博物馆中的学习体验。如上海博物馆的虚拟漫游项目就提升了公众的参观体验。

**3. 泛在网络技术推进了场馆智慧学习资源与信息技术的融合**

泛在网络是通信网、互联网、物联网的高度协同和融合，能实现跨网络、跨行业、跨应用、异构多技术的融合与协同。泛在网络将信息空间与物理空间无缝对接，其服务将以无所不在、无所不包、无所不能这 3 个基本特征，帮助人们在任何时间、任何地点，与任何人、任何物都能顺畅地通信，都能通过合适的终端设备与网络进行连接，并获得个性化的信息服务。

泛在图书馆是泛在网络技术在智慧学习领域应用的典型。区别于一般的数字图书馆，泛在图书馆将数字资源、先进移动技术与泛在网络环境进行高效整合，为公众构建了一个触手可及的泛在网络环境和易于识别、掌握、获取知识的信息共享环境，能确保公众在尊重知识产权的条件下，通过各种学习终端任意获取所需图书资源。

**4. 物联网提升教育环境与教学活动的感知性**

物联网可以实现物与物、物与人、物与网络的连接，方便公众识别、管理和控制。物联网在场馆智慧学习中的应用体现在以下两个方面：首先，物联网的基础是信息采集，场馆通过物联网技术对展品和书籍进行信息采集，通过无线网络上传到网络信息中心进行存储，以此丰富教学资源。其次，物联网基于传感器和电子标签两大主要技术，支持、优化学习环境，改善学习方式，节省管理成本，提高管理效率。

## 4.4 场馆学习资源共享水平显著提高

任何一个场馆都不可能仅依赖自身收藏或拥有的信息资源就能满足公众的所有信息需求。尤其在现代网络环境下，信息资源和文献呈指数级增长，每一个场馆都不可能也不需要收集世界上的所有展品。资源共享可以使场馆最大限度地利用现有资源提供教育服务。随着信息技术的发展和互联网的普及，电子出版物、网络文献信息等数字化文献信息在图书馆资源收藏与利用中的比例越来越高，信息资源共建共享的内容更加丰富，范围更加广泛，手段更加先进。

**1. 场馆间学习资源共享正在成为场馆智慧学习的主要特点**

该方式主要应用于各级公共图书馆，上级图书馆可借助全国文化信息资源共享工程平台将资源推送至各基层图书馆。国家数字图书馆工程就是通过国家数字图书馆分馆建设和数字图书馆推广计划，借助全国文化信息资源共享工程平台将资源推送至全国各基层图书馆，能提升全国公共图书馆的数字资源保障和服务能力。资源共享必须建立在资源共建的基础上。高校图书馆在资源共享共建、馆际互借、资源联合引进等方面积极合作，实现了为读者提供信息资源服务。场馆数字资源的共享是推动场馆智慧学习环境建设的关键，智能化、知识化、开放化的资源信息共享也是信息时代场馆发展的主要方向。

**2. 场馆学习面向公众的资源共享方式**

场馆学习面向公众的资源共享方式有两种：一种是在场馆举办讲座、读书会等活动，可以实现优质学习资源共享；另一种是场馆组织工作人员下乡、下校等传播科学知识和技能。中国科学技术馆组织的“中国流动科技馆”项目，就将中国科学技术馆的学习资源送到偏远的老少边穷地区，为该地区的公众提供了参与科学实践的平台，能让他们亲身感受“体验科学”的快乐，从而促进了我国公民科学素质的整体提高。

## 4.5 场馆学习体验和互动水平不断提升

随着场馆智慧学习的不断发展，场馆逐渐脱离利用藏品、文字说明、辅助展品等静态展示的被动模式。对于现代场馆而言，即便是以信息技术为支撑的动态展示也不能完全满足场馆学习的需求。随着场馆互动体验陈列的发展，场馆学习的模式有了突破性的改变。近几年来，我国场馆展览围绕主题运用信息化手段设计了参观与教学情境，鼓励公众动手、动脑参与展览，将公众被动的参观过程变成了一个在体验参与中探索、欣赏、发现和思考的双向传播学习模式。

目前，多数博物馆、科技馆都设有特效影院与互动电子屏，使公众不再只是单纯接触文字或语音讲解，而是可以获得更强的参与感。在各类场馆中，图书馆主要以读者与场馆的互动为主。博物馆和科技馆则互动体验较多，主要通过科学性、知识性、趣味性相结合的展览内容和参与互动的形式反映科学原理及技术应用。例如，中国科学技术馆设有“科学乐园”“华夏之光”“探索与发现”“科技与生活”“挑战与未来”5 个主题展厅和 4 个特效影院，配备有各种实验室，为公众营造了从实践中学习科学的情境，并通过互动、体验等方式引导公众进入探索与发现科学的过程，不仅普及科学知识，而且注重培养公众的科学思想和科学精神。

## 4.6 场馆学习智能服务能力不断提高

随着信息技术的发展，场馆学习服务能力不断提高，特别是移动互联网在场馆学习中的应用，提升了各类场馆学习的智能服务能力。目前，网站是我国场馆学习智能服务的主要平台。在调查的657个场馆中，目前有81.28%的场馆拥有场馆网站，119家场馆网站开设了在线订票、网上参观预约功能。场馆可以通过网站向社会公众发布场馆的相关服务信息。目前我国场馆的移动互联网使用水平显著提高，使用人数在不断攀升。场馆通过微博、微信、App等平台，为公众提供学习服务，其中58.45%的场馆拥有微信公众号，40.18%的场馆拥有官方微博。部分省级场馆已开始在场馆的微信公众号或微博平台上发布新闻动态、行业新闻、场馆展览活动等信息，还通过这些平台进行馆内藏品的介绍，或者进行视频直播及与公众互动。

## 4.7 场馆智慧学习与学校教育相结合

随着人类进入信息时代以及科学技术的迅速发展，学校教育由于教学条件和教育资源的局限，已经无法只依靠自身满足创新型人才培养的需要。场馆智慧学习具有表现形式多样、互动性强等优点，使得青少年可以以轻松的心态去学习科学知识。场馆智慧学习和学校教育的有效沟通与衔接，能够实现校内学习与社会学习的有效互补，并能满足学生的学习需求。馆校结合是场馆与学校为实现共同的教育目的，相互配合而开展的一种学习活动，是场馆智慧学习的重要方式，也是未来的发展趋势。

**1. 馆校结合的方式**

学校组织学生参观场馆的展览，利用场馆资源为学生开设专题课程，组织学生参加“亲自观察”“亲手操作”和“亲身体验”的活动。场馆向学校和学生提供学习读物，到学校举办报告会、讲座，利用场馆资源对教师进行培训。

**2. 不同学科与不同类型场馆进行合作的侧重点有所不同**

社会文化艺术类课程主要依托博物馆来开展，例如美术博物馆的中小学美术教育。自然科学类课程主要依托科技馆来实施。近年来出现的STEM教育强调多学科的交叉融合。STEM教育并不是科学、技术、工程和数学教育的简单叠加，而是将4门学科的内容组合形成有机整体，从而更好地培养学生的创新精神与实践能力。上海科技馆从2015年起就围绕中小学生课程标准，结合场馆学习资源开发了“STEM 科技馆奇妙日”系列科学教育活动，鼓励学生自主观察、发现、验证、体验科学探究的过程，培养学生探究科学的兴趣和热情。

## 4.8 场馆智慧学习群体多样化

场馆智慧学习群体包括不同年龄段的学生、不同类型的市民和不同知识结构的公众，呈现多样化趋势。2014 年，教育部等七部门发布《关于推进学习型城市建设的意见》，明确提出要满足人民群众学有所教的终身学习需求。近几年，场馆智慧学习群体从以青少年为主体，逐渐转变为向广大人民群众开放。不同类型的场馆的受众群体存在差异。图书馆作为搜集、整理、收藏图书资料以供人阅览、参考的机构，其读者主要以学生为主，特别是高校图书馆。公共图书馆的读者也以学生为主，同时包含不同知识结构的公众。博物馆作为非营利的永久性机构，对公众开放，为社会发展提供服务，以学习、教育、娱乐为目的，其参观者主要是以家庭为单位，通常是家长带着孩子到博物馆进行学习与休闲活动。科技馆是以展览教育为主要功能的公益性科普教育机构，其受众同样是以家庭为核心。残障人员是场馆智慧学习的特殊群体。上海图书馆正努力建设成为无障碍图书馆，旨在为残障人员提供无障碍网站、有声电子书和数字化讲座的图书馆数字化等服务。

## 4.9 场馆智慧学习产业逐渐形成

随着信息技术在场馆智慧学习中的应用，各类智能化学习平台、网站、游戏、虚拟现实（VR）设备、可穿戴设备等在场馆中逐渐被推广应用。这些设备、应用系统、产品，有一部分是国家财政资金支持建设的，也有不少是依托互联网企业、教育企业建设的。场馆智慧学习资金投入大、运维费用高，完全依靠国家财政投入是有困难的。许多场馆采取与企业合作，吸引社会力量投入资金、技术等方式，搭建智慧学习平台、开发相关设备。许多企业根据公众的学习需求，按照市场机制进行产品研发、建设、运维，为场馆提供技术支撑，在部分城市逐渐形成了场馆智慧学习产业。智慧学习产业的健康发展为场馆智慧学习提供了重要保障。

# 第5章 我国场馆智慧学习存在的问题及发展建议

# 5.1 场馆智慧学习存在的问题

随着信息技术和智能工具被越来越多地应用到场馆学习中，场馆智慧学习开始受到重视。受到经济和技术水平等诸多要素的限制，场馆智慧学习存在一些亟待解决的问题，具体表现为：场馆智慧学习在智慧社会中的作用有待发挥；场馆信息化建设不均衡；场馆学习资源分享水平有待提高；场馆学习形式单一，缺乏个性化服务；场馆与学校教育的深度融合不够；场馆智慧学习专业队伍尚未建立，服务管理水平有待进一步提高等。

**1．场馆智慧学习的作用有待发挥**

调查数据显示，图书馆、博物馆和科技馆的数量与各地区的劳动力受教育程度的相关性较弱，图书馆、博物馆和科技馆的数量与省市创新创业指数中度相关。这说明场馆学习在支持公众创新创业方面的力度不够，基层场馆依旧采取传统的服务方式，不适应公众学习的需求，没有为公众提供实时、有效的学习资源。场馆学习的作用尚未充分发挥，场馆学习还需要加强公众教育服务。

**2．场馆信息化建设不均衡**

总体上看，场馆信息化建设及应用受地区经济发展水平的制约，呈现不均衡状态，存在地域差异。国家级、部委级、省级场馆的信息化建设水平较高，而且这类场馆在网络环境、网站建设、学习平台开发等方面的水平也较高。基层场馆信息化基础设施欠缺，数字化和网络化尚未实现，与移动化、智能化还有很大距离。大型城市的图书馆、博物馆、科技馆的云服务刚刚起步，学习数据资源中心尚未建立，学习资源集成、分享水平有待提高。随着新一代网络和信息技术广泛应用于场馆建设，场馆智慧学习已从过去的数字化、网络化向智能化、移动化、个性化方向发展。我国的 3 类场馆中，图书馆的信息化技术建设及应用水平比较高，除虚拟场馆和语音导航外，图书馆在其他所有技术应用方面的使用比例都比博物馆、科技馆更高。博物馆仅在语音导航技术的使用比例上高于其他两类场馆，科技馆在虚拟场馆技术的应用上优于其他两类场馆。

**3．场馆学习资源分享水平有待提高**

学习资源建设是场馆建设中的核心内容，是各类场馆实现可持续发展的前提条件。当前我国场馆学习资源更新较慢。一方面，场馆之间的资源共享不足，依然存在信息孤岛现象。另一方面，我国场馆资源受投入经费的限制，展品一旦建成就鲜有变动。根据我国科技馆的建设标准规定，科技馆常设展品的年更新率应达到 5% ~ 15%。如果不对展品进行必要的更新，公众的参观热情就会下降，进而就会影响场馆的学习效果。

### 4. 场馆学习缺乏个性化服务

场馆教育具有鲜明的情境性、自主选择性、主动探究性以及学习结果的多元性等特点，对学生的全面发展具有重要意义。全国场馆数量和规模的迅速增长对各类场馆的教育内容和教育形式提出了更高的要求。目前大中型城市场馆的体验与互动水平不断提高，但是基层场馆仍存在学习形式单一、展品的交互性不足等问题，没有互动交流，公众难以参与到学习过程中。

建设场馆智慧学习环境需要注重个性化服务、强调学习体验。目前，场馆的服务意识还有待进一步提高。部分场馆所提供的教育服务仅限于场馆内的讲解，外加一张展品介绍平面图，缺乏有针对性的、个性化的服务。在便捷服务上，657 个场馆中仅有 119 家场馆支持网站在线订票，34 家场馆支持微信或 App 订票。我国场馆智慧学习环境在个性化服务方面需要继续加强。

### 5. 场馆与学校教育的深度融合不够

各级各类场馆的教育与学校教育的有效衔接，是未来场馆学习与各级各类学校的教育相结合、与终身教育相结合的前提[①]。目前，一些场馆在与学校教育深度融合方面已经做了很多探索，但部分场馆仍存在一些问题。具体表现为展教分离、重展轻教，例如重视展品、展览本身的策划，缺乏配套教育活动的策划；关注个体展品的知识点，缺乏整体的教育策划理论，往往把一个展览办成简单的展品堆砌会；有的场馆只是进行知识演示，没有更多的教育意义；对展品的管理缺乏必要的投入和考虑。

### 6. 场馆智慧学习专业队伍尚未建立

目前我国场馆智慧学习专业队伍建设滞后，只有少数国家、部委、省级主办的场馆的专业技术力量能够满足智慧学习的需求。大多数场馆，特别是基层场馆缺乏智慧学习专业

---

① 夏文菁，张剑平. 文化传承中的场馆学习：特征、目标与模式［J］. 现代教育技术，2015，25（08）：5-11.

技术队伍。场馆不会使用、维护信息化平台、产品，制约了智慧学习的发展。另外，许多场馆没有形成智慧学习机制，学习资源分享、馆校结合、社会化服务等尚在探索中。

## 5.2 场馆智慧学习的发展建议

**1. 加强场馆智慧学习的顶层设计，推进智慧社会文化建设**

场馆智慧学习是我国智慧社会文化建设的重要组成部分。依据图书馆、博物馆、科技馆“十三五”发展规划，我国首先需要进一步完善国家场馆—省场馆—大中城市场馆的纵向体系，以及专业场馆—特色场馆的横向体系，从而实现实体场馆、虚拟场馆共同发展。其次需要对场馆智慧学习进行统筹规划，根据不同城市场馆的需求，明确发展目标和建设任务，做好顶层设计。接着需要综合考虑场馆信息化基础设施、学习资源、智能化平台、应用系统、队伍建设、资金支持和绩效评估等因素，实现分类推进，迭代发展。最后需要提高大中城市的场馆密度，达到国际同等级城市的水平。实现我国城区常住人口为 100 万人以上的大城市至少拥有 1 座科技类博物馆、1 座现代化图书馆，各直辖市、省会城市和自治区首府至少拥有 1 座大中型科技馆的建设目标，特别要加强基层图书馆建设，力争实现 50 万人拥有一个图书馆。我们既要突出地方特色，又要满足公众多样化的需求，避免盲目发展和低水平重复建设，使场馆智慧学习科学发展，并推进智慧社会文化建设。

**2. 提高场馆信息化水平，为场馆智慧学习创造条件**

场馆信息化是智慧学习的基础。目前，我国场馆信息化建设发展不均衡，特别是基层场馆信息化基础比较薄弱，今后要加快提升场馆信息化水平。

（1）提升互联网带宽，改善网络环境

省会及以上城市要做到场馆的互联网出口带宽不低于 1Gbit/s，中小城市场馆互联网出口带宽不低于 0.5Gbit/s，实现移动互联网全覆盖。要对接入的实际使用带宽进行分层管理，确保每个场馆配置有高质量、能高效支撑展陈和教育教学活动的网络环境，并利用高通量宽带卫星等提高“老少边穷”地区场馆的网络接入覆盖率。

（2）加快云服务平台、资源数据中心建设，提高学习资源共享水平

国家、省级场馆要建设场馆云服务平台和资源数据中心，以整合学习资源、拓展数字资源呈现形式、提高场馆数字资源质量、实现学习资源共享。

（3）建设智能化学习平台，实现场馆学习资源互联互通

省会以上城市要建设智能化学习平台，以方便市民网上学习，并开展网上科学实验、知识竞赛等活动。各场馆要建设网站和开通微信、微博，以便及时权威地发布各类信息、提供网上预约服务，从而让公众通过手机无线上网，就能听到展厅内对应藏品的介绍，使公众足不出户就能观赏各种展品，实现“永不闭馆”。

（4）加强场馆网络信息安全管理

网络信息安全是场馆智慧学习的重要保障。加强安全防护建设、定期进行网络安全监测、提高网络信息防御能力、建立网络信息安全应急处理机制，能为场馆智慧学习提供安全保障。

**3. 加快新一代信息技术的应用，提升场馆智慧学习体验水平**

云计算、大数据、物联网、移动互联网、人工智能等新一代信息技术的创新应用极大地推动了场馆智慧学习的发展。

（1）利用移动技术实现面向场馆的移动学习和泛在学习

在移动互联网时代，人们更倾向于通过移动设备来获取场馆信息，移动技术充当了公众与场馆中各种数字资源和展品无缝连接、深层交互的桥梁。移动应用为场馆提供了与公众沟通的平台。场馆可以运用移动技术为公众提供信息推送服务，包括各种展教活动与展品资源等信息，而公众可以通过移动技术实现知识共享。许多场馆已经在公共区域内提供免费 Wi-Fi，并利用 Wi-Fi 热点三角测量技术向公众提供个性化服务。场馆还可以通过手机 App 向公众提供定制化的活动信息，如推荐周边的展览和活动等。移动技术能方便公众随时随地获取资源与信息，从而开展参与式学习，使“移动场馆”成为现实。

（2）利用智能技术与虚拟现实技术充分发挥场馆学习的体验性

智能技术与虚拟现实技术不仅是构建数字博物馆的关键技术，而且能为场馆学习提供一种通过计算机建模、模拟与仿真来感知展品及环境的全新体验式学习模式。智能技术可以根据参观者的个性特征为其提供订制化的支持与服务，能极大地提升参观者的参观体验。

场馆要通过展陈智能设计，吸引公众参与动手操作和演示活动，从而让展品“活”起来，让公众“动”起来，使公众的心理感受与动手体验统一起来，让公众在动手参与和亲身体验中学习知识和发现快乐。

（3）自带设备满足公众需求

自带设备也称为自带技术，是指人们在学习和工作中使用自己携带的笔记本电脑、平板电脑、智能手机或其他移动设备的一种行为。目前，场馆在自带设备使用上有两个趋势，一是满足公众携带移动网络设备随处参观的需求，二是把笔记本电脑和智能手机作为办公工具。事实上，智能手机已成为场馆提供各种服务、与公众互动交流和进行教学的切入点，因此推进使用自带设备是满足公众需求的重要手段。场馆应逐步创建了自带设备的工作环境。随着移动设备应用的普及，场馆陆续建设了无线网络，通过提高移动设备网络接入的效率和规模，提高了手机 App 用户与场馆进行互动的意愿和频率。无线网络和有线网络的同时使用可以增加参观者的数量，并向其提供优质的在线服务。

（4）游戏化学习创新学习模式

游戏化学习是指在学习游戏化观念的指导下，在教学设计过程中就培养目标与发展、评价手段方面，及就公众年龄心理特征与教学策略等方面，借鉴游戏来设计、选择适当的发展工具、评价方法和教学策略。目前，受电子游戏影响的人越来越多，玩游戏者的平均年龄在逐年增长。一些具有艺术性、社交性与合作性特点的游戏，吸引了人们的共同参与。游戏在传递新的思维和行为模式方面具有巨大潜力。游戏化是指将游戏元素、游戏机制和游戏框架应用到非游戏的环境和场景中，以达到培训和激励的目的。这种将学习环境游戏化的方法受到了场馆的重视。世界各地的博物馆正在通过开发手游来实现与公众在线互动，从而提高公众对博物馆的兴趣。游戏化在非游戏化环境中的应用，主要是通过融合游戏元素和游戏机制来实现的，例如任务道具、经验值、排行榜、重要事件和徽章等。游戏化已经是一种不能缺少的消费体验，引入游戏模式已经成为场馆创新学习模式的重要内容。

（5）将创客空间嵌入场馆

创客空间逐渐被视为鼓励公众通过动手设计、建构和迭代进行创造与增强高阶问题解决能力的场所。今后场馆要不断增加创客空间的数量，让参观者在创客空间中可以按照自己的想法来深度参与艺术和科学概念及媒体研究[①]。创客空间是让参观者积极探索信息和拓展知识的协作与学习空间，能激发公众的创意理念，可以将场馆打造成为创造和传播新知识、经验与创业精神的共享空间[②]。

（6）深化物联网的应用

物联网对提高场馆展品保护效果、增加语境知识入口、重塑文化作品之间的合作具有潜在的推动作用。应用物联网可以使场馆知识被嵌入到日常活动当中，供人们随时随地访问。场馆通过物联网技术对展品进行信息采集，可以丰富学习资源、优化场馆学习环境、改善学习方式。通过物联网技术，公众可以自行下载历史信息和元数据，这将改变解说和公众参与的方式。物联网技术还能将场馆里所有的人、物和设备连接在一起工作，可以节省管理成本，提高管理效率。

**4. 打造现代化图书馆，助力发展学习型城市**

在69个大中型城市中加快建设现代化图书馆，对场馆智慧学习的发展、城市文化的塑造、公众科学文化素养的提高和公众终身学习的实现具有重要的现实意义。

（1）利用信息技术推进数字图书馆建设新路径

市、区两级图书馆应充分运用互联网、大数据、云计算等技术提高信息化水平和服务能力，实现互联互通、图书资源分享、网上借阅，以打造数字图书馆、智慧图书馆，从而满足公众的个性化学习需求。大中城市的现代化图书馆要与国内外主要图书馆之间建立数字化、网络化的互借协作关系，实现跨行业、跨地区、跨国界的图书馆之间的资源共建共享，从而扩大数字图书馆的服务范围及人群。

（2）利用信息技术优化图书馆读者服务新机制

各地图书馆应通过积极推进信息资源共享、开展远程教育服务、拓展知识服务项目等方式推进建设现代化图书馆的服务创新功能，以满足公众的个性化、多样化需求。同时，各地图书馆也可以利用多网关多通道控制、业务系统动态接入等技术打造各系统、各用户群体短信发送通道。除此之外，各地图书馆还可以采用电子纸技术和电子墨水技术，让公

① 新媒体联盟. 新媒体联盟地平线报告：2016博物馆版［R］. 2016：10.

② Ina Fourie, Anika Meyer. What to Make of Makerspaces: Tools and DIY only or is there an InterconnectedInformation Resources［J］. Library Hi Tech，2015，33（4）：519-525.

众利用手持阅读器进行掌上阅读和泛在学习。

（3）加快图书馆资源数字化进程

各地图书馆应进一步推进文化信息资源库建设，深化文化信息资源的开发利用，并将虚拟现实技术与数字图书馆相结合，加快实施全国文化信息资源共享工程、数字图书馆推广工程和公共电子阅览室建设计划。

（4）利用人工智能技术构建现代化图书馆管理新模式

各地图书馆应利用信息技术手段升级图书馆管理系统，促使图书馆管理由人工管理向电子信息技术管理转变，使图书馆的服务理念和服务功能发生改变。

**5. 加快博物馆数字化和虚拟化建设，提升公众文化素养**

博物馆的数字化和虚拟化建设，不仅可以提升参观者的观展体验，还能够实现跨时空观展，使公众可以在任意时间和任意地点参观博物馆。今后大中城市博物馆要加快数字化、虚拟化建设，基层博物馆要提高数字化、网络化水平。

（1）国家、部委、省级博物馆要建设一批高质量的虚拟博物馆

扩大优质场馆学习资源覆盖面，通过虚拟现实等技术增强展品的数字化，提高公众的创新交互体验。

（2）逐步实现博物馆移动化、智能化

大中城市的博物馆要加快移动应用建设，通过智能终端设备推送展品信息，实现场馆的移动化。

（3）基层博物馆实现数字化

基层博物馆要加快数字化、网络化建设进程，以满足公众提高文化素养的需求。

**6. 建设智能化科技馆，打造创新人才培养基地**

未来科技馆应充分应用移动互联网、物联网、人工智能、虚拟现实等技术，并根据科技馆标准建设智能化科技馆。

（1）加快科技馆信息化建设

打造虚拟科技馆，可以促进科技馆资源的虚实结合、加强与公众的互动交流。建设智能化学习平台、加强用户体验，不仅能为参观者提供多元化的感官体验和服务，也是支撑培养创新人才和打造创新人才培养基地的基础和前提。各直辖市、省会城市和自治区首府

要建设智能化的科技馆，将科技馆打造成创新人才培养基地。

（2）推进科学教育，提升全民科学素养

场馆是进行科学教育的重要平台，场馆要将科学教育与场馆学习相结合。科学教育的目标是推进中小学生的素质教育，培养学生的创新精神和实践能力，造就未来的创新型人才。科学教育的内容包括科技知识普及、科技能力提升和科学素质培养。各类场馆要大力开展科学教育实践活动，引进探究式学习、“做中学”等教育理念，搭建可设计的、灵活的、让学生沉浸于丰富具体的科学场景中的学习环境，让学生快速有效地将所学知识应用于实践。场馆通过研究小组、实验室、工作室、创客空间、兴趣小组、科学考察等方式，可培养青少年动手、动脑的能力，激发青少年探究科学思想、科学方法、科学技能的兴趣，培养学生的批判性思维、信息整合能力、解决实际问题的能力、创新能力以及团队合作能力。

（3）推进创新人才培养

我国的科技馆数量与省市创新创业指数中度相关，这表明科技馆在支持公众创新创业方面还需要进一步加强。科技馆通过搭建创客空间、开展科普教育等方式，面向社会汇聚创新创业人才，为创新创业、成果转化和技术交易提供发展环境，为创新驱动发展培养人才。

**7. 推进馆校结合，促进场馆学习与学校教育的融合发展**

场馆学习具有表现形式多样、互动性强等优点，使得青少年能以轻松的心态去理解科学知识。这种学习形式可以与课堂教育进行互补，是进行科学教育的第二课堂。在我国素质教育改革的大背景下，实现场馆学习与学校教育两种教育形式的互补与合作是一种新的趋势。

（1）制订馆校合作计划，实施馆校合作项目

把学校教育延伸到场馆教育中，以素质教育为导向，由教育行政主管部门统一协调，推动场馆和学校的密切合作。让场馆科普讲座走进学校，把课堂的实验课程和实物展示搬到场馆。

（2）制订与场馆相连接的第二课堂学习计划

将中小学教师的场馆课程设计、合作能力纳入专业发展、培训的范畴。

（3）建立馆校合作的激励机制

在教师和场馆专业人员的合作过程中，激励机制是不可或缺的，具体包括显性激励和

隐性激励。显性激励主要是指通过一些外在、直观、可供量化的激励手段，对参与馆校合作的主体进行激励，例如物质和行政激励。而隐性激励主要关注馆校合作中的各类主体的多层次需求，例如社会尊重、自我价值的实现等。①

（4）建立专门服务于学生、教师以及教育管理部门的机构

切实保障各类场馆成为学校教育的辅助力量。②馆校合作，助力教师专业发展和学生创新实践，以馆校合作的形式，打通学科之间的壁垒，构建馆校互动新模式。

**8. 探索场馆与社区相结合，促进场馆学习资源分享**

场馆学习与社区结合，逐步打破了场馆的封闭空间，在社会服务之间建立连接，逐步实现场馆和社区学习资源的互联互通，使家庭学习、社区学习、场馆学习等社会化学习形态逐步融合，成为学习型社会的有机组成部分，促进了场馆学习资源的分享。

（1）建设社区学习专栏

各个场馆应基于所辐射社区的特点，进行需求分析和调研，建设与社区居民需求相匹配的社区展览、教育专栏，从而传播场馆知识，促进居民学习。

（2）提高社区居民参与场馆学习活动的积极性

场馆可采取一些激励机制来鼓励社区居民参与场馆活动，激发其参与场馆学习的积极性。加强家庭、社区、单位和场馆学习环境建设，能在场馆学习进程中培养社区居民“热爱社区，管理社区”的责任意识，从而促进城市智慧学习的发展。

**9. 完善场馆智慧学习机制，提高学习效果**

学习机制是指导场馆建设智慧学习环境、设计展品、运用信息技术、提供支持服务、实施学习评价的基础，用于考察场馆学习的过程与结果。

（1）学习评价是提升场馆智慧学习效果的重要手段

在场馆学习中，学习评价是为了深入了解参观者的知识理解程度，从而从多重资源中搜集、讨论信息的过程。编制场馆智慧学习的评价指标，可以对场馆的信息化基础设施、信息技术应用、展示形式、资源利用率、互动交流、学习体验、个性化、支撑服务等进行

---

① 宋娴. 中国博物馆与学校的合作机制研究［D］. 华东师范大学，2014.

② 北京师范大学智慧学习研究院. 2016 中国智慧学习环境白皮书［R］. 智慧学习与开放教育资源国际高端论坛 2017：56.

综合评价，能提高学习效果。

（2）学习服务是全面提高场馆的公共服务能力的保证

各类场馆要转变服务理念，实现服务对象社会化、服务内容多元化、服务手段多样化。并利用大数据、云计算和学习分析技术来追踪公众在场馆学习过程中的数据，分析公众在场馆学习中的特点，建立场馆网上学习服务平台，及时了解公众需求，调整学习资源配置，从而为公众提供满足其个性化需求的精准服务。场馆还应创新学习管理模式，提升智能化管理水平。

（3）队伍建设是场馆智慧学习发展的基础

场馆智慧学习对场馆管理人员和工作人员提出了更高要求，需要一支具备信息技能与信息素养的专业队伍。场馆要大力加强信息化队伍建设，使场馆管理者和工作人员熟练使用信息化学习与管理平台、智能设备，从而提高其管理水平和服务意识，以适应智慧学习的需要。

**10. 多元化发展智慧学习产业，为场馆智慧学习提供保障**

场馆智慧学习产业为场馆智慧学习提供了重要保障，各级政府、社会力量要积极支持引导，使其实现多元化发展。一是政府要在政策、税收、奖励等方面创造条件，在大型场馆的智慧学习重点项目中发挥引领示范作用。二是政府要鼓励场馆与企业相结合，根据智慧学习的发展定位与建设需求，引导科研机构、互联网企业、软件开发商、教学设备生产商、社会资本等，按照市场规则，通过众创、众包、众扶、众筹等方式，积极参与到场馆智能化学习平台、网站、游戏、虚拟现实、人工智能、可穿戴设备等领域的研发、应用、推广中，逐步形成场馆智慧学习产业的良性循环，实现自我发展，为场馆智慧学习提供保障。